WAYNE W. DYER

Diez secretos para el éxito y la paz interior

Wayne W. Dyer es, sin duda, uno de los autores de autoayuda más leídos de todos los tiempos. Ha sido profesor de psicología en la St. John's University de Nueva York y actualmente se dedica a dar conferencias, impartir cursos y a escribir. Entre sus obras publicadas cabe destacar *Tus zonas erróneas*, también en Vintage Español.

Diez secretos para el éxito y la paz interior

Diez secretos para el éxito y la paz interior

WAYNE W. DYER

Traducción de Francisco J. Ramos

Vintage Español
Una división de Random House, Inc.
Nueva York

PRIMERA EDICIÓN VINTAGE ESPAÑOL, JULIO 2012

Copyright de la traducción © 2004 por Francisco J. Ramos Mena

Todos los derechos reservados. Publicado en coedición con
Random House Mondadori, S. A., Barcelona, en los Estados Unidos
de América por Vintage Español, una división de Random House, Inc.,
Nueva York, y en Canadá por Random House of Canada Limited,
Toronto. Originalmente publicado en inglés en EE.UU. como
10 Secrets for Success and Inner Peace por Hay House, Inc.,
Carlsbad, California, en 2001. Copyright © 2001 por Wayne
W. Dyer. Esta traducción fue originalmente publicada en España
por Random House Mondadori, S. A., Barcelona, en 2004. Copyright
de la presente edición para todo el mundo © 2004
por Random House Mondadori, S. A.

Vintage es una marca registrada y Vintage Español
y su colofón son marcas de Random House, Inc.

Información de catalogación de publicaciones disponible
en la Biblioteca del Congreso de los Estados Unidos.

Vintage ISBN: 978-0-307-94912-7

www.vintageespanol.com

Impreso en los Estados Unidos de América
10   9   8   7   6   5   4   3   2   1

A mi hija Stephanie Louise Dyer:
tú lo eres todo para mí

Paladea el vino puro que se sirve y no te importe si te han dado una copa sucia.

RUMI

Ordena todas las piezas que se crucen en tu camino.

VIRGINIA WOOLF

Índice

Introducción

No pasa un solo día sin que piense en Dios. Más que pensar, experimento la presencia de Dios en la mayoría de mis momentos de vigilia. Se trata de un sentimiento de contento y satisfacción que va más allá de lo que podría transmitir en un libro. He llegado a conocer la paz de espíritu en mi vida, y este conocimiento reduce la importancia de todas mis preocupaciones, problemas, logros y posesiones. En esta breve obra explicaré detalladamente diez principios para lograr el éxito y la paz interior, los cuales, si se dominan y se practican diariamente, guiarán también al lector hacia el logro de esa misma sensación de tranquilidad.

En las últimas tres décadas se me ha requerido a menudo para dar charlas en centros de secundaria y universidades. Con frecuencia mis lectores me alientan a escribir para los jóvenes que inician su periplo hacia la edad adulta, y a proporcionarles mis «secretos» para alcanzar el éxito y la felicidad.

Los diez secretos de este libro son precisamente aquello de lo que hablo o sobre lo que escribo cuando tengo la oportunidad de dirigirme a los jóvenes. No obstante, son también valiosos para cualquiera que haya decidido seguir conscientemente su trayectoria vital. Cada uno de nosotros toma esa decisión en función de su reloj personal. Para algunos, eso sucede en los primeros años de la edad adulta; para otros, en plena madurez. Los secretos se aplican tanto si uno acaba de iniciar su trayectoria vital como si se está acercando al final de ella, o si está en el camino sea como fuere.

La mayoría de los libros como este, al igual que ocurre en los discursos de graduación, subrayan la importancia del trabajo duro, la dedicación, la planificación financiera y las estrategias de relación; de elegir la profesión adecuada, escuchar a los mayores, ser respetuosos con las reglas establecidas, fijarse objetivos realistas, llevar una vida sana y hallarse en estado de gratitud. Son buenos consejos, y sin duda benefician a quienes deciden escuchar y aplicar este saber. Mi experiencia, sin embargo, no solo en toda una vida de profesor, sino también como padre de ocho hijos cuyas edades van desde los once hasta los treinta y tres años, es que este tipo de consejos por sí solos le llevan a uno a preguntarse: ¿y eso es todo?

Yo no voy a aconsejarle, pues, que se fije unos objetivos, se mate a trabajar, planifique su futuro financiero, nos escuche a nosotros los mayores, respete su cultura y demás. En realidad, yo casi siempre he seguido mis propios impulsos, pagando el precio que conlleva tomar el camino «menos transitado» y resistirse a la opinión dominante; de modo que sería una hipocresía que ahora le dijera que hiciera lo que yo le digo y que siguiera mis reglas. En lugar de ello, lo que aquí le ofrezco son diez secretos para permitir que su propio espíritu le guíe.

En mi experiencia trabajando con personas diversas durante varias décadas, he visto a demasiados individuos que escogen ser miembros anónimos del montón, sufriendo por ello un remordimiento interior que los lleva a sentirse fracasados, llenos de conflicto y resentimiento, y preguntándose cuál es el sentido de la vida.

He escrito este libro, pues, con la esperanza de que le ayude a evitar esos sentimientos de incapacidad y a sentir la paz de Dios que verdaderamente define el éxito. Lea estos secretos con el corazón abierto: aplique los que hallen resonancia en su interior y descarte los que no lo hagan.

Cuando haya alcanzado la paz y el éxito, querrá propagar y transmitir su paz y su amor. La violencia, el odio, los prejuicios y una evaluación de nuestro mundo indican que nos queda mucho camino por recorrer antes de llegar a un mundo de paz interior y exterior.

Reciba mi amor y todo mi aliento.

WAYNE W. DYER

PRIMER SECRETO

Tener una mente abierta a todo y no apegada a nada

Quisiera decir lo que pienso y siento hoy, con la condición de que quizá mañana lo contradiga todo.

RALPH WALDO EMERSON

Siempre albergo grandes esperanzas.

ROBERT FROST

Tener una mente abierta a todo y no apegada a nada parece fácil hasta que uno piensa en cuántos condicionamientos se han producido en su vida, y en cuántos de sus actuales pensamientos se han visto influidos por la geografía, las creencias religiosas de sus antepasados, el color de su piel, la forma de sus ojos, la orientación política de sus padres, su estatura, su sexo, las escuelas que le eligieron y la vocación de sus bisabuelos, por citar solo algunas posibilidades. Llegó usted aquí como un diminuto bebé capaz de un infinito número de potencialidades. Muchas de sus opciones permanecen aún inexploradas a causa de un programa de condicionamiento —es de esperar que bienintencionado— concebido para adaptarle a la cultura de quienes se hicieron cargo de su educación. Probablemente no tuvo usted casi ninguna oportunidad de discrepar con la configuración cultural y social hecha para su vida.

Puede que haya habido algunos adultos que le hayan

alentado a tener una mente abierta; pero si es sincero con usted mismo, reconocerá que su filosofía vital, sus creencias religiosas, su manera de vestir y su lenguaje dependen de lo que su tribu (y su acervo) determinaron que era adecuado para usted. Si usted expresó su disconformidad pretendiendo ir en contra de este condicionamiento preestablecido, probablemente oyó voces aún más fuertes exigiéndole que volviera a la fila y que hiciera las cosas «como se han hecho siempre». La noción de adaptarse reemplazó a la de tener una mente abierta a nuevas ideas.

Si sus padres, por ejemplo, eran judíos, es poco probable que le educaran para honrar y respetar la religión musulmana; y viceversa. Si sus padres eran de derechas, es poco probable que oyera usted ensalzar las virtudes de los partidos de izquierdas. Cualesquiera que fuesen las razones que movieron a sus antepasados a no tener una mente abierta, lo cierto es que habitaban en un mundo mucho menos poblado que el nuestro. En el superpoblado mundo de hoy sencillamente no podemos seguir viviendo con los viejos estilos de cerrazón mental. Le animo a que abra su mente a todas las posibilidades, a resistirse a todos los intentos de encasillarle y a negarse a dejar que el pesimismo penetre en su conciencia. Me parece que tener una mente abierta a todo y no apegada a nada constituye uno de los principios más básicos que puede adoptar para contribuir a la paz individual y mundial.

Busque la oportunidad de observar un diminuto brote verde surgiendo de una semilla. Cuando lo haga, perciba la maravilla que está viendo. Un famoso poeta llamado Rumi observaba: «Vende tu inteligencia y compra perplejidad». La escena de un retoño brotando representa el inicio de la vida. Nadie en este planeta tiene siquiera el menor indicio de cómo ocurre eso. ¿Qué es esa chispa creadora que hace brotar la vida? ¿Qué es lo que ha creado al observador, la conciencia, la observación y la propia percepción? La lista de preguntas sería interminable.

Hace cierto tiempo, los terrícolas que trabajaban en el programa espacial movían un diminuto vehículo sobre la superficie de Marte por control remoto. Una serie de señales invisibles, que tardaban diez minutos en viajar a través del espacio, al llegar hacían girar y ordenaban a una pala que recogiera y examinara unos cuantos bienes raíces marcianos. Todos nosotros nos maravillamos ante aquellas hazañas tecnológicas. Pero piense en ello por un momento. En un universo infinito, viajar a Marte, nuestro vecino más próximo, equivale a recorrer una milmillonésima de milímetro en la página que está leyendo en este momento. Así pues, logramos mover un pequeño vehículo en el planeta de al lado, ¡y ya nos sentimos impresionados por nuestro logro!

Pero hay miles de millones de planetas, estrellas y objetos diversos solo en nuestra galaxia, mientras que fuera de ella existen miles de millones de galaxias. Somos una mota en un universo incomprensiblemente inmenso que no tiene límite. Piense en ello: si encontráramos ese límite, ¿sería una pared en el borde del universo? De ser así, ¿quién la habría construido? Y, lo que resulta aún más desconcertante: ¿qué habría al otro lado de esa pared y qué grosor tendría?

¿Cómo puede alguien ser pesimista en un mundo del que sabemos tan poco? Un corazón empieza a latir en el útero de una madre unas semanas después de la concepción, y ese hecho constituye un absoluto misterio para todos los habitantes de nuestro planeta. En comparación con todo lo que hay que saber, no somos más que embriones. Téngalo en cuenta cuando se tropiece con quienes están absolutamente seguros de que hay solo una única manera de hacer algo.

Resístase al pesimismo. Resista con todas sus fuerzas, puesto que apenas sabemos nada en absoluto en comparación con todo lo que hay que saber. ¿Puede imaginar lo que un pesimista que vivió hace solo doscientos años pensaría del mundo en que vivimos? Aviones, electricidad, automóviles, televisión, control remoto, internet, faxes, teléfonos, móviles... Y todo ello gracias a esa chispa de apertura mental que permitió florecer el progreso, el crecimiento y la creatividad.

¿Y qué hay del futuro y de todos sus mañanas? ¿Puede imaginarse enviándose a sí mismo por fax al siglo XIV, volando sin máquinas, comunicándose telepáticamente, desmolecularizándose y reapareciendo en otra galaxia, o clonando una oveja a partir de la fotografía de una oveja? Una mente abierta le permite explorar, crear y crecer. Una mente cerrada bloquea herméticamente cualquiera de esas explicaciones creativas. Recuerde que el progreso resultaría imposible si hiciéramos invariablemente las cosas como siempre las hemos hecho. La capacidad de participar en milagros —verdaderos milagros en nuestra vida— se da cuando abrimos la mente a nuestro ilimitado potencial.

LA PREDISPOSICIÓN MENTAL AL MILAGRO

No se permita a sí mismo tener bajas expectativas en relación a lo que es usted capaz de crear. Como indicaba Miguel Ángel, el mayor peligro no es que sus esperanzas resulten demasiado ambiciosas y no logre alcanzarlas, sino que resulten demasiado modestas y sí lo logre. Mantenga en su interior una imaginaria vela encendida que arda vivamente con independencia de lo que se encuentre frente a sí. Deje que esa llama interior represente para usted la idea de que es capaz de obrar milagros en su vida.

En todos y cada uno de los casos en los que una persona experimenta una curación espontánea o supera algo que se consideraba imposible de superar, el individuo pasa por una completa inversión de su personalidad. De hecho, reescribe su propio contrato con la realidad. Para experimentar milagros espontáneos de cariz divino, primero uno debe verse a sí mismo como un ser divino. Dicen las escrituras: «Con Dios son posibles todas las cosas». Dígame, entonces, qué puede escapar a esa norma. Una mente abierta a todo equivale a ser pacífico, irradiar amor, practicar el perdón, ser generoso, respetar toda forma de vida y, lo más importante, visualizarse a uno mismo como capaz de hacer todo aquello que pueda concebir en su mente y en su corazón. Cualquiera que sea la ley universal utilizada para obrar un milagro en cualquier lugar, en cualquier época y en cualquier persona, sigue estando vigente. Jamás ha sido abolida, ni lo será nunca. Usted posee la misma energía, la misma conciencia de Dios, para ser un artífice del milagro; pero solo si realmente lo cree y lo sabe en su interior.

Comprenda que aquello que usted piensa, se expande («Tal como un hombre piensa, así es»). Si sus pensamientos están llenos de dudas y tiene una mente cerrada, usted actuará necesariamente en función de esas dudas y de esa cerrazón, y verá evidencias de su pensamiento prácticamente en todos los lugares donde se halle. Por el contrario, debería decidir (no se equivoque en eso: es una elección) tener una mente abierta a todo; entonces actuará en función de esa energía interior, y será el creador así como el receptor de milagros dondequiera que esté. Experimentará lo que Walt Whitman quería decir cuando escribió: «Para mí, cada centímetro cúbico de espacio es un milagro».

Qué significa estar abierto a todo

Todo significa exactamente eso. Sin excepciones. Cuando alguien le plantea algo que entra en conflicto con su condicionamiento, en lugar de responder: «¡Eso es ridículo!; todos sabemos que es imposible», diga: «Nunca había considerado antes esa posibilidad. Pensaré en ello». Ábrase a las ideas espirituales de todas las personas, y escuche con mente abierta los proyectos e ideas más disparatados, aunque al principio parezcan escandalosos. Si alguien plantea que los cristales pueden curar las hemorroides, que las plantas medicinales pueden reducir el colesterol, que a la larga la gente será capaz de respirar bajo el agua, o que la levitación es posible, escuche, y sea curioso.

Libérese de su apego a lo que le han enseñado a creer. Abra su mente a todas las posibilidades, puesto que, tanto si cree que algo es posible como si cree que es imposible, en cualquier caso tendrá razón. ¿Y cómo puede ser eso? Porque su contrato con la realidad y con todo lo que es posible determinará lo que será de usted. Si usted está convencido de que no puede llegar a ser una persona rica y famosa, un artista, un deportista profesional, un gran cantante, o lo que sea, actuará en función de esa convicción interna, que evitará que manifieste lo que realmente le gustaría. Lo único que conseguirá con su esfuerzo es tener razón. Cuando uno necesita tener razón, está apegado a su reflejo condicionado acerca del modo en que las cosas son y han sido siempre; y presupone que también serán siempre así.

Liberarse de los apegos

Este primer secreto tiene dos componentes: 1) una mente abierta a todo y 2) una mente no apegada a nada. Sus apegos son la fuente de todos sus problemas. La necesidad de tener razón, de poseer algo o a alguien, de ganar a toda costa, de que los otros le vean como a alguien superior: todo eso son apegos. La mente abierta se resiste a esos apegos y, en consecuencia, experimenta la paz interior y el éxito.

Para liberarse de los apegos, es necesario cambiar el modo en que nos vemos a nosotros mismos. Si usted se identifica primordialmente con su cuerpo y con sus posesiones, su ego constituye la fuerza dominante en su vida. Si es usted capaz de doblegar suficientemente a su ego, podrá invocar a su espíritu para que constituya la fuerza directriz de su vida. Como ser espiritual, puede observar su cuerpo y ser testigo compasivo de su existencia. Su aspecto espiritual es capaz de ver el absurdo de los apegos porque su yo espiritual es un alma infinita. Nada puede hacerle feliz o sentirse realizado: eso son elaboraciones interiores que usted aporta a su mundo, y no algo que usted reciba de él.

Si tiene usted pensamientos pacíficos, sentirá emociones pacíficas, y eso es lo que aportará a todas las situaciones de su vida. Si está usted apegado a la necesidad de tener razón o a la absoluta necesidad de algo para poder estar en paz o tener éxito en sus objetivos, vivirá una vida de esfuerzo sin llegar jamás a puerto.

Es posible tener un ardiente deseo y, sin embargo, no alcanzar ningún logro. Puede tener una visión interna de lo que pretende manifestar y, no obstante, seguir alejado del resultado. ¿Cómo? Considere esta observación del libro *Un curso de milagros* (editado por la Fundación para la Paz Interior): «La paciencia infinita produce resultados inmediatos». Parece una paradoja, ¿verdad? La paciencia infinita implica la absoluta certeza de que aquello que le gustaría manifestar de hecho se mostrará, en perfecto orden, y exactamente en su momento. El resultado inmediato que uno obtiene de este conocimiento interior es una sensación de paz. Cuando se distancia del resultado, uno se halla en paz, y a la larga verá los frutos de sus convicciones.

Suponga que tiene que elegir entre dos varitas mágicas. Con la varita A, puede conseguir cualquier cosa material que desee con solo agitarla. Con la varita B, puede experimentar una sensación de paz durante el resto de su vida independientemente de las circunstancias que surjan. ¿Cuál elegiría? ¿Una garantía material o la paz interior para el resto de su vida? Si opta por la paz, la varita B está ya en su poder. Basta con tener una mente abierta a todo y no apegada a nada. Déjela ir y venir a voluntad. Disfrute de todo, pero no haga nunca que su felicidad o su éxito dependan del apego a una cosa, a un lugar y, especialmente, a una persona.

En todas nuestras relaciones, si podemos amar a alguien lo bastante como para dejarle ser exactamente lo que ha decidido ser —sin expectativas ni apegos por nuestra parte—, conoceremos la verdadera paz durante toda nuestra vida. El verdadero amor significa que uno ama a una persona por lo que es, y no por lo que uno cree que debería ser. Eso es tener una mente abierta, así como la ausencia de apego.

No morir mientras aún haya música en nuestro interior

Hay solo una vida para cada uno de nosotros:
la nuestra.

Eurípides

Un músico debe hacer música, un pintor debe
pintar, un poeta debe escribir, con tal de que
esté en paz consigo mismo. Lo que un hombre puede ser, debe serlo.

Abraham Maslow

El mundo en el que vivimos es un sistema inteligente en el que cada parte en movimiento está coordinada por otra parte también en movimiento. Hay una fuerza vital universal que lo sostiene y orquesta todo. Todo funciona unido en perfecta armonía. Usted es una de esas partes en movimiento. Usted apareció ahí, en el cuerpo en el que habita, en el momento preciso. Y su cuerpo se quedará aquí con la misma precisión. Usted es una pieza esencial de este complejo sistema. Y he aquí que se encuentra en este sistema inteligente que no tiene ni principio ni fin, en el que todas las galaxias se mueven en mutua armonía. ¡Usted tiene que haber aparecido aquí por una razón!

Jalil Gibran decía: «Al nacer, se nos asigna nuestra tarea en el corazón». ¿Cuál es, pues, su tarea? ¿Cuál su propósito? ¿Acaso está viviendo apartado del camino que su corazón le insta a recorrer?

Deténgase por un momento y señálese a sí mismo. Muy probablemente, al hacerlo su dedo índice estará apuntando directamente al corazón. No al cerebro, sino al corazón. Ese es usted. El constante latido de su corazón, de dentro afuera, de fuera adentro, constituye un símbolo de su conexión infinita con el omnipresente latido de Dios, o la inteligencia universal. El hemisferio izquierdo de su cerebro calcula, resuelve cosas, analiza y determina cuáles son las opciones más lógicas para usted. ¡Piensa, piensa, piensa...! El hemisferio derecho representa su lado intuitivo. Esa es la parte de usted que va más allá de la razón y del análisis. Es la parte de usted que siente las cosas, que es sensible al amor, que se emociona con lo que es importante para usted. Su hemisferio derecho le permite enternecerse cuando sostiene a un bebé, o disfrutar de la belleza de un día espléndido. El hemisferio izquierdo puede *analizarlo*, mientras que el derecho le permite *sentirlo*.

Elija una situación y pregúntese qué es más importante para usted: lo que sabe o lo que siente. En general, lo que inicialmente le va a preocupar es algo que dependerá de la situación y de las circunstancias en las que se encuentre. Su intelecto puede calcular exactamente cómo se supone que debe actuar en una relación cuando las cosas van mal (o cuando están en su apogeo), pero luego hay veces en las que lo que siente reemplazará a lo que sabe. Si usted se siente temeroso, asustado y solo; o, por el contrario, entusiasmado, cariñoso y arrebatado, esas serán las fuerzas dominantes a partir de las que actuará. Esas son las ocasiones en las que la razón está de parte de nuestro hemisferio derecho: el hemisferio derecho de nuestro cerebro nos llevará siempre apasionadamente hacia nuestro objetivo.

Escuchar al hemisferio derecho del cerebro

Hay una presencia intuitiva e invisible que está siempre con nosotros. Yo imagino esa presencia como una pequeña y pesada criatura que se sienta sobre nuestro hombro derecho y nos advierte cuando hemos perdido de vista nuestro objetivo. Este pequeño compañero es nuestra propia muerte, que nos urge a continuar con aquello para lo que hemos venido aquí, puesto que solo nos quedan tantos o cuantos días para hacerlo, y luego nuestro cuerpo terminará su visita. Nuestro invisible compañero nos azuza cuando perdemos otro día más haciendo lo que algún otro nos ha dictado si ello no forma parte de nuestra pasión vital.

Probablemente usted ha sabido siempre cuándo se ha apartado de su objetivo debido a sus sentimientos de frustración. Sin embargo, es posible que no haya actuado siempre en función de este conocimiento, ya que el hemisferio izquierdo de su cerebro no se ha armado del coraje suficiente para cumplir las órdenes que su hemisferio derecho sabe que constituyen su destino. Su intuitiva voz interior sigue instándole a tocar la música que usted está escuchando con el fin de que no muera mientras ella se encuentra aún en su interior. Pero el hemisferio izquierdo de su cerebro le dice: «Aguarda un momento. Ten cuidado, no te arriesgues: podrías fracasar, podrías decepcionar a todos los que tienen una visión distinta de lo que deberías estar haciendo». Entonces el compañero invisible de su hemisferio derecho (su muerte) le habla aún más alto. El volumen va aumentando y aumentando, tratando de hacer que usted persiga su sueño.

Escuchar exclusivamente al hemisferio izquierdo de su cerebro le convertirá a la larga en una comparsa o, todavía peor, en un autómata, levantándose cada mañana y uniéndose a la multitud, haciendo ese trabajo que le proporciona dinero y paga las facturas; y levantándose a la mañana siguiente y haciendo de nuevo lo mismo, tal como dice una conocida canción. Mientras tanto, la música de su interior se desvanece casi hasta el punto de hacerse inaudible. Pero su constante compañero invisible siempre oye la música y sigue dándole golpecitos en el hombro.

Los intentos de llamarnos la atención pueden adoptar la forma de una úlcera, de un incendio que queme su resistencia, o de que le despidan de un trabajo sofocante, o de verse postrado a causa de un accidente. Normalmente esos accidentes, enfermedades y otras formas de mala suerte acaban llamando nuestra atención. Pero no siempre. Algunas personas pueden acabar como Iván Ilich, el personaje de Tolstoi, que se preguntaba angustiado en su lecho de muerte: «¿Y si toda mi vida hubiera estado equivocado?». Una escena temible, hay que decirlo.

Pero usted no tiene por qué elegir ese destino. Escuche a su compañero invisible, exprese la música que oye y no haga caso de lo que todos los que le rodean creen que debería estar haciendo. Como señalaba Thoreau: «Si un hombre no va al mismo paso que sus compañeros quizá sea porque oye un timbal distinto. Dejémosle seguir el paso de la música que oye, sea acompasado o irregular».

Esté dispuesto a aceptar que otros incluso puedan juzgar que les ha traicionado; pero no habrá traicionado a su música, a su objetivo. Escuche su música, y haga lo que sabe que tiene que hacer para sentirse entero, completo, para sentir que está realizando su destino. Nunca estará en paz si no saca esa música y la deja sonar. Permita que el mundo sepa por qué está usted aquí, y hágalo con pasión.

Es posible que usted se encuentre viviendo una vida cómoda aun cuando no siga sus instintos. Pagará sus facturas, rellenará los formularios correctos y vivirá una vida adaptada y fiel a un guión. Pero se tratará de un guión escrito por alguien distinto a usted. Uno es consciente de ello cuando su molesto compañero le dice: «Esto puede parecer correcto, pero ¿realmente lo sientes como tal? ¿Estás haciendo lo que has venido a hacer aquí?». Para muchas personas, la respuesta es: «¿Y cómo sé cuál es mi heroica misión?».

Encontrará su pasión en aquello que más le inspire. ¿Y qué significa el término *inspirar*? Este se deriva de la expresión «en espíritu». Cuando uno está inspirado, nunca tiene que preguntarse por su objetivo: sencillamente lo vive. En el caso, por ejemplo, de una de mis hijas, dicho objetivo tiene que ver con montar a caballo y trabajar en los establos. Se encuentra en el paraíso cuando está a lomos de un caballo, pero incluso cuando tiene que limpiar una cuadra llena de estiércol. Otra de mis hijas solo se siente inspirada cuando canta, escribe música o toca; es así desde que tenía dos años. Para otra, es su trabajo como artista gráfica y diseñadora el que la hace sentir que está realizando su objetivo. Y para otra, es diseñar páginas web y crear programas informáticos para otras personas. En cuanto a mí, es escribir, dar charlas y crear productos que ayuden a la gente a ser independiente. Esta ha sido siempre mi pasión, ya desde que era un muchacho.

¿Y cuál es su pasión? ¿Qué es lo que estimula su alma y le hace sentirse completamente en armonía con aquello por lo que usted ha aparecido aquí primordialmente? Tenga esto por cierto: sea lo que fuere, usted puede ganarse la vida con ello a la vez que proporciona un servicio a los demás. Se lo garantizo.

El miedo es lo único que le impide tocar la música que oye y marchar al ritmo del peculiar toque de tambor que usted experimenta en su interior. Según el libro *Un curso de milagros*, existen solo dos emociones básicas: una es el miedo; la otra, el amor. Es posible que tema usted la desaprobación de los demás. Asuma ese riesgo y descubrirá que obtendrá mayor aprobación cuando no la busca que cuando va tras ella. Puede que tema a lo desconocido. Asuma también ese riesgo. Dele vueltas a la cuestión: «¿Qué es lo peor que puede pasar si esto no resulta?». Lo cierto es que sencillamente pasará usted a otra cosa: no va a morir de inanición ni va a ser torturado porque algo no funcione. Puede que tema al éxito. Es posible que haya sido condicionado para creer que es usted incapaz o limitado. El único modo de cuestionar esas ideas absurdas es encaminarse hacia aquello para lo que usted sabe que está aquí y dejar que el éxito le persiga, como es casi seguro que ocurrirá. O bien es posible que usted experimente el mayor temor de todos: el miedo al fracaso.

El mito del fracaso

Puede que esto le resulte sorprendente, pero el fracaso es una ilusión. Nadie fracasa en nada. Todo lo que uno hace produce un resultado. Si está usted tratando de aprender a parar un balón de fútbol, y alguien chuta y a usted se le escapa, no ha fracasado. Sencillamente ha producido un resultado. La verdadera cuestión es qué hace usted con los resultados que produce. ¿Lo deja correr, mientras gimotea por su fracaso como portero de fútbol, o bien dice: «¡Chuta otra vez!», hasta que al final logra parar los balones? El fracaso es una valoración; es solo una cuestión de opinión. Proviene de nuestros miedos, que se pueden eliminar mediante el amor. El amor por uno mismo. El amor por lo que uno hace. El amor por los demás. El amor por nuestro planeta. Cuando uno experimenta el amor en su interior, el miedo no puede sobrevivir. Piense en el mensaje que contiene este antiguo aforismo: «El miedo llamó a la puerta. Respondió el amor, pero ya no había nadie».

Esa música que usted escucha en su interior, y que le insta a asumir riesgos y a perseguir sus sueños, es su vínculo intuitivo con el propósito que alberga su corazón desde el nacimiento. Sea entusiasta en todo lo que hace. Sea apasionado, sabiendo que la palabra *entusiasmo* significa literalmente «el Dios (*énthus*) dentro (*iasmós*)». La pasión que usted siente es Dios en su interior, haciéndole señas para que usted asuma el riesgo y sea su propia persona.

He descubierto que lo que se percibe como riesgos no lo son en absoluto una vez que uno ha trascendido sus miedos y da paso al amor y al respeto por uno mismo. Cuando uno produce un resultado ante el que los demás se ríen, se le está incitando a reírse a su vez. Cuando uno siente respeto por sí mismo, un tropiezo le permite reírse de sí mismo ante lo que no es más que un hecho ocasional. Cuando uno se ama y se respeta, la desaprobación de alguien no es algo que se tema y se evite. El poeta Rudyard Kipling declaraba: «Si puedes afrontar el triunfo y el desastre, y tratar exactamente igual a esos dos impostores... tuya será la tierra y todo lo que hay en ella». La palabra clave aquí es *impostores*. No son reales. Solo existen en la mente de las personas.

Siga al hemisferio derecho de su cerebro, escuche cómo se siente, y toque su propio y peculiar tipo de música. No tema a nada ni a nadie, y nunca experimentará el terror de hallarse un día en su lecho de muerte preguntándose: «¿Y si toda mi vida hubiera estado equivocado?». El invisible compañero que se sienta sobre su hombro derecho le azuzará cada vez que se desvíe de su objetivo. Hará que sea consciente de su propia música. Escuche, pues, y no muera mientras esa música siga aún en su interior.

No se puede dar lo que no se tiene

Ningún hombre que esté ocupado en hacer
algo muy difícil y en hacerlo muy bien pierde
jamás el respeto por sí mismo.

GEORGE BERNARD SHAW

En cuanto confíes en ti mismo sabrás cómo
vivir.

JOHANN WOLFGANG VON GOETHE

¡Es evidente que no se puede dar lo que no se tiene! Parece tan evidente que puede que usted se esté preguntando por qué habría de hacer de ello uno de mis diez secretos para la felicidad y la paz interior. Ello se debe a que he descubierto que la mayoría de las personas que no disfrutan de la paz interior y del éxito en su vida no han logrado aprender esta sencilla verdad.

Piense en las personas que usted conoce que dan amor como respuesta a la energía negativa dirigida hacia ellas. No hay demasiada gente que responda con amor en tales situaciones. Si los que lo hacen pueden hacerlo, es porque tienen amor para dar. Saben que es imposible dar lo que no tienen, y han dado un paso más (yo lo llamo «recorrer un kilómetro extra») para adquirir aquello que desean atraer hacia sí y a la vez dar a los demás. Si lo que usted desea dar y recibir es el amor y la alegría, recuerde que no puede dar lo que no tiene, pero sí puede cambiar su vida cambiando lo que hay en su interior siempre que esté dispuesto a recorrer ese kilómetro extra.

Considere las siguientes ideas respecto a su realidad interior. Sus pensamientos crean su realidad debido a que determinan cómo responde usted a las situaciones de su vida cotidiana. Esas respuestas constituyen la energía que usted tiene en su interior para dar. Si usted siente ira, es porque su cuerpo contiene energía en forma de ira. Como todo lo demás en nuestro universo, sus pensamientos son una forma de energía. Todo lo que usted siente y experimenta es el resultado de lo que yo denomino *energías de atracción*. Eso significa que uno obtiene lo mismo que deposita en el mundo. Así, aquello que usted atrae hacia sí es lo mismo que posee en su interior para dar a los demás.

La escasez de energía atrae a la escasez de energía. Algunos de los pensamientos de baja energía son la ira, el odio, la vergüenza, la culpa y el miedo. No solo nos debilitan, sino que atraen hacia nosotros más de lo mismo. Sintonizando nuestros pensamientos con las altas frecuencias del amor, la armonía, la amabilidad, la paz y la alegría, atraeremos también más de lo mismo, y dispondremos de esas altas energías para dar. Esas frecuencias que nos potencian, más altas y rápidas, anularán y disiparán automáticamente las bajas energías del mismo modo que la presencia de luz hace desaparecer la oscuridad.

Amor y respeto por uno mismo

Amándose más a sí mismo atraerá más energías altas y rápidas, y empezará a cambiar lo que hay en su interior. En sus pensamientos, cultive una voz y una actitud interiores que sean el ciento por ciento del tiempo para usted. Imagine un aspecto de sí mismo que solo le proporcione respaldo y amor hacia sí mismo. Puede elegir un momento concreto del día en que ese sea el único pensamiento al que se permita prestar atención. Poco a poco esa actitud se extenderá a otras personas aunque solo se dedique a ello un minuto o dos. Empezará a recibir esa energía y a la larga será capaz de enviar pensamientos de amor y alegría a todos y a todo lo que haya en su mundo. Trate de advertir cuándo su pensamiento se dirige hacia la baja energía del ridículo, el odio o la culpa, y, si es posible, modifique su pensamiento en ese mismo momento. Si no es capaz de modificarlo, entonces por lo menos ámese a sí mismo por lo que sí ha sido capaz de hacer; es decir, por haberse dado cuenta de ello.

Haga un pacto para recordarse a sí mismo a menudo este secreto: no se puede dar lo que no se tiene. Luego trabaje en su programa personal de amor hacia sí mismo, respeto por sí mismo y potenciación de sí mismo; y elabore un enorme inventario de todo lo que desearía dar.

Una de las lecciones que constantemente sigo aprendiendo y practicando es que el universo responde con la misma energía que nosotros emitimos. Si atrae a un montón de gente que trata de aprovecharse de usted, debe considerar qué está haciendo usted para atraer a esos aprovechados a su vida. Si monta en cólera con frecuencia, explore esos pensamientos coléricos que tiene en su interior. Si su conciencia manifiesta una energía que grita: «¡Dame!, ¡dame!, ¡dame!», sin duda atraerá a su vida a todo tipo de energías caracterizadas por la exigencia. Usted sabrá que esto es así, por ejemplo, por el número de plazos que no se cumplirán, y por los jefes o clientes exigentes con los que se encontrará, así como por el sentimiento de ser una víctima. Si su energía le grita al universo: «¡Dame!, ¡dame!, ¡dame!», este le devolverá lo mismo a cambio.

Si lo que usted da, en cambio, es respeto por sí mismo y amor hacia sí mismo, el universo, a través de la energía de atracción, le devolverá ese amor y ese respeto que usted está irradiando. Realmente es así de sencillo. No se puede dar lo que no se tiene.

Si usted quisiera darle una docena de naranjas a su vecino como una expresión de amor, evidentemente primero necesitaría tener la docena de naranjas. Si pretendiera comprarles un coche nuevo a sus padres como muestra de gratitud con ellos por haberle matriculado en la facultad de medicina, naturalmente habría de tener el dinero necesario para ello. Del mismo modo, uno no puede dar amor a los demás si no lo tiene para sí mismo. No puede mostrar respeto por los demás si carece de respeto por sí mismo. No puede dar felicidad si se siente infeliz. Y, por supuesto, lo contrario también es cierto.

Solo se puede dar lo que *sí* se tiene, y todo lo que uno regala cada día son productos de su propio inventario personal. Si uno regala odio, es porque alberga en su interior odio para dar. Si uno regala tristeza, es porque tiene una buena reserva de ella para escoger y repartir.

Esta idea se simplifica con el ejemplo de exprimir una naranja. Cuando uno exprime una naranja, siempre obtendrá zumo de naranja. Esto es así independientemente de quién exprima la naranja, en qué momento del día lo haga, qué utensilio use para hacerlo, o qué circunstancias rodeen al acto de exprimirla. Lo que se obtiene es lo que había dentro. Esa misma lógica se aplica a usted.

Cuando alguien le «exprime» a usted, le presiona de algún modo, o le dice algo crítico o poco grato, y lo que surge de usted es ira, odio, amargura, tensión, depresión o ansiedad, ello se debe a que eso es lo que hay dentro. La ironía es que no se puede dar lo que no se tiene porque uno siempre está dando lo que sí tiene. Si desea sintonizar con su objetivo en la vida, dando y sirviendo a los demás, pregúntese: «¿Qué tengo dentro?» y «¿Por qué he elegido almacenar en mi interior ese tipo de energías para dar a los demás?».

ENCONTRAR NUESTRO OBJETIVO

Probablemente usted anhele saber cuál es su objetivo en la vida. «¿Cómo puedo conocer mi objetivo?» es la pregunta que más a menudo me formulan. Con frecuencia la persona que me la plantea me explica su dilema diciendo: «Sería más feliz si pudiera realizar mi objetivo en la vida, pero sencillamente no sé cuál es». Mi respuesta es que, cuando uno llega a este mundo, no tiene absolutamente nada. Y abandonará este mundo terrenal exactamente en la misma situación. No podrá llevarse todas sus adquisiciones y logros. En consecuencia, lo único que puede hacer con su vida es darla. Sentirá que está realizando su objetivo si puede encontrar un modo de estar siempre al servicio de los demás.

El objetivo en la vida tiene que ver con la idea de servir. Tiene que ver con dejar de centrarnos en nosotros mismos y en nuestro propio interés, y servir a los demás de uno u otro modo. Uno construye porque le gusta hacerlo; pero también construye para hacer felices a los demás. Uno diseña porque su corazón le lleva a hacerlo; pero sus diseños están al servicio de los demás. Uno escribe porque le gusta expresarse con palabras; pero esas palabras ayudarán e inspirarán a los lectores. Si usted no sabe todavía cuál es su objetivo, siga buscándolo a través de las diversas etapas de su vida. Hay muchos modelos distintos para describir las etapas de la vida. Aquí utilizaré los arquetipos del atleta, el guerrero, el estadista y el espíritu para mostrarle brevemente cuál es su objetivo en cada etapa.

En el arquetipo del atleta, el foco se concentra exclusivamente en el cuerpo, en su aspecto y en su rendimiento. El arquetipo del guerrero desea competir, derrotar y recoger la recompensa. El del estadista se centra en cumplir los deseos de los demás, preguntándose: «¿Cómo puedo servir?». En la etapa final (y la más elevada que conocemos), se da el arquetipo del espíritu. En esta fase uno se da cuenta de lo que significa estar en este mundo pero no ser de este mundo. Nuestra parte espiritual sabe que ni el cuerpo ni este mundo constituyen su domicilio exclusivo. Este arquetipo espiritual nos invita a minimizar nuestras preocupaciones terrenales y dedicar una mayor parte de nuestra energía a la esencia de la vida, que es el amor y el servicio.

A medida que avance a través de estos cuatro arquetipos, descubrirá que piensa cada vez menos en su propio interés y cada vez más en cómo puede hacer del mundo un lugar mejor para todos. De ese modo descubrirá una gran verdad: cuanto más persiga sus propios objetivos y su propio interés, más le esquivarán estos. Pero cuando dirija sus pensamientos —y luego sus actividades, sean las que fueren— a servir a los demás, todo lo que antes solía perseguir ahora le perseguirá a usted dondequiera que vaya. Cuando uno se excluye completamente del panorama, todas las fuerzas del universo parecen conspirar para proporcionarle todas aquellas cosas que anteriormente había estado buscando para sí mismo. Y entonces, puesto que uno no está ya apegado a ellas, estas fluirán libremente entrando y saliendo de su vida.

Básicamente estoy instándole a que deje de tomarse su vida de una manera tan personal. Puede poner fin a cualquier sufrimiento recordándose a sí mismo que nada en el universo es personal. Evidentemente, le han enseñado a tomarse la vida de una manera muy personal; pero se trata de una ilusión. Doblegue su ego y libérese del todo de la idea de tomarse nada en absoluto personalmente.

Tenga en mente esas ideas, especialmente cuando se sienta perdido o inseguro de su objetivo: «Mi objetivo tiene que ver con el acto de dar. Dirigiré mis pensamientos fuera de mí, y pasaré las próximas horas buscando una manera de ser útil a alguien o a alguna criatura de nuestro planeta en peligro». Eso, a su vez, le hará darse cuenta de que no importa lo que haga mientras sea capaz de dar. Para ser capaz de dar y ser útil plenamente, y en última instancia sentir que está realizando su objetivo, debe poder responder «sí» cuando se pregunte: «¿Realmente poseo eso mismo que me gustaría dar?».

CUARTO SECRETO

Apreciar el silencio

La soledad, en el sentido de estar solo a menudo, resulta esencial para ahondar en la meditación o en el carácter; y la soledad en presencia de la belleza y la grandeza naturales es la cuna de pensamientos y aspiraciones que no solamente son buenas para el individuo, sino que mal podría la sociedad funcionar sin ellas.

JOHN S. MILL

Quizá una de las mayores recompensas de la meditación y la oración sea la sensación que nos invade de tener nuestro propio lugar.

BILL W.

Vivimos en un mundo ruidoso, bombardeado constantemente por música a todo volumen, sirenas, maquinaria de construcción, motores de aviones, traqueteos de camiones, automóviles y motocicletas, podadoras y cortadoras de césped. Todos estos sonidos antinaturales y creados por el hombre invaden nuestros sentidos e impiden el silencio. En realidad, la cultura en la que nos han educado no solo evita el silencio: se siente aterrorizada por él. La radio del coche debe estar siempre encendida y cualquier pausa en una conversación constituye un momento embarazoso que la mayoría de las personas tratan de llenar de inmediato con algún comentario insustancial. Para muchos, estar solos equivale a una pesadilla, y estar solos en silencio llega a ser una tortura. El célebre científico Blaise Pascal observaba: «Todas las desgracias del hombre se derivan del hecho de no ser capaz de estar tranquilamente sentado y solo en una habitación».

Hay un silencio momentáneo en el espacio que existe entre sus pensamientos del que usted puede llegar a ser consciente con la práctica. En este espacio de silencio encontrará la paz que anhela en su vida diaria. Jamás conocerá esa paz si no tiene ningún espacio entre sus pensamientos. Se dice que una persona tiene, como promedio, unos sesenta mil pensamientos distintos cada día. Con tantos pensamientos, casi no hay huecos. Si lograra reducir ese número a la mitad se abriría para usted todo un mundo de posibilidades, ya que cuando nos fundimos en el silencio y nos hacemos uno con él conectamos de nuevo con nuestra fuente y conocemos esa paz que algunos llaman Dios. «Estad quietos y reconoced que yo soy Dios», se dice con estas bellas palabras en el salmo 46 del Antiguo Testamento. Las palabras clave aquí son *quietos* y *reconoced*.

Estar quieto equivale en realidad a estar en silencio. La madre Teresa describía el silencio y su relación con Dios diciendo: «Dios es amigo del silencio. Observa cómo la naturaleza —los árboles, la hierba— crece en silencio; observa las estrellas, la luna y el sol: cómo se mueven en silencio... Necesitamos el silencio para poder tocar las almas». ¡Y eso incluye también la suya!

Es, en realidad, el espacio entre las notas lo que nos hace disfrutar tanto de la música. Sin esos espacios, lo único que tendríamos sería una continua y ruidosa nota. Todo lo creado proviene del silencio. Sus pensamientos surgen de la nada del silencio. Sus palabras provienen también de ese vacío. Su propia esencia ha surgido de la nada. Quienes vendrán a reemplazarnos aguardan en el inmenso vacío. Toda creatividad requiere algo de soledad. Su sensación de paz interior depende de que dedique parte de su energía vital al silencio para recargar sus baterías, eliminar la tensión y la ansiedad, familiarizarse de nuevo con la alegría de conocer a Dios y sentirse más cerca de toda la humanidad. El silencio reduce la fatiga y nos permite experimentar nuestros propios jugos creadores.

El segundo término que destacábamos en la sentencia del Antiguo Testamento, *reconoced*, alude al hecho de establecer un contacto personal y consciente con Dios. Reconocer a Dios equivale a desterrar la duda y hacerse independiente de las definiciones y descripciones de Dios que formulen otras personas: en lugar de estas, usted tendrá su propio conocimiento personal. Y como nos recordaba Melville de manera tan conmovedora: «La única voz de Dios es el silencio».

ACCEDER A UN MAYOR SILENCIO EN NUESTRA VIDA

Le insto a que exija cada vez más y más tiempo para el silencio en su vida. Una de las maneras más efectivas de llevarlo a cabo es hacer de la meditación una práctica diaria. Y recuerde: no existe nada parecido a una mala meditación. Dese tiempo para sentarse tranquilamente y a solas. Al principio sus pensamientos tratarán de convencerle de que eso es una pérdida de tiempo, de que debería estar ahí fuera produciendo y de que tiene muchas otras cosas que hacer. Otros cien pensamientos inconexos más entrarán y saldrán de su mente.

Pero usted puede capear esa tormenta de protestas mentales permaneciendo tranquilamente sentado y convirtiéndose en observador de toda esa palabrería interior. A la larga será capaz de penetrar en los huecos que separan sus pensamientos y observar la paz que siente cuando sale de cada uno de esos huecos silenciosos. Pruébelo ahora mismo. Utilice para ello el padrenuestro. Primero concéntrese en la palabra *Padre* y luego en la palabra *nuestro*. Trate de penetrar en el hueco que separa las dos palabras, *Padre* y *nuestro*. Luego repítalo con los términos *que*, *estás* y *en los cielos*. Deslícese momentáneamente en el hueco y observe la deliciosa sensación de paz que experimenta en él.

Yo mismo enseño una técnica de meditación —que describo con detalle y en la que guío con mi propia voz— en un CD y casete titulado *Meditaciones para manifestarse*. Esta meditación utiliza el sonido «ah» como un mantra para evitar que nuestros pensamientos deambulen durante la meditación matutina. Este mantra

66

suena en casi todos los nombres de lo divino. Escúchelo, por ejemplo, en Yahvé, Alá, Krisna, Jehová, Ra y Ptah. Repitiendo este sonido mantra se establece un contacto consciente con Dios. La meditación vespertina, en cambio, utiliza el sonido «om», que representa la gratitud por todo lo que se ha manifestado en nuestra vida. Repetir el sonido «ah» por la mañana y el sonido «om» por la tarde durante aproximadamente veinte minutos le dará la oportunidad de experimentar el éxito y la paz interiores de una manera que no habrá conseguido nunca antes.

Hay muchas oportunidades de acceder al silencio. Yo trato de meditar cada vez que me paro ante un semáforo en rojo. Con el coche parado y mi cuerpo inactivo, con frecuencia lo único que sigue moviéndose son los pensamientos en mi mente. Así, utilizo el par de minutos que me brinda el semáforo en rojo para poner mi mente en armonía con mi coche y mi cuerpo inertes. Y obtengo un maravilloso plus de silencio. Probablemente me detengo ante un semáforo en rojo unas veinte o treinta veces al día, lo que me permite conseguir entre cuarenta minutos y una hora de silencio. ¡Y siempre hay alguien detrás de mí para advertirme que se me ha acabado el tiempo rompiendo el silencio con su bocina!

La meditación no solo le afecta a uno mismo, sino que también produce un impacto en quienes le rodean

Cuando uno está en paz irradia un tipo de energía distinto del que irradia cuando está tenso o deprimido. Cuanto más en paz se siente uno, más fácil le resulta desviar las energías negativas de aquellos con quienes se encuentra. Es como tener alrededor un escudo invisible que nada puede atravesar, a menos que se trate de algo que tenga una energía espiritual superior a la del propio escudo. Una corriente hostil se acoge con una sonrisa y la certeza interior de que no va con nosotros. Si alguien intenta atraerle hacia su desgracia, no podrá lograrlo sin su consentimiento. Su práctica de meditación le hará inmune.

No solo podrá desviar la negatividad de quienes le rodean, sino que su sensación de paz pondrá a los demás en armonía con usted. Se han realizado estudios para medir los niveles de serotonina (un neurotransmisor de nuestro cerebro que indica el grado de paz y de armonía que sentimos) en varias personas situadas en las inmediaciones de un gran grupo de practicantes de la meditación. Sorprendentemente, el mero hecho de hallarse en el campo energético de los que meditan eleva el nivel de serotonina de los observadores. Las consecuencias resultan asombrosas. Cuanta más paz alcance uno a través de la meditación, mayor impacto tendrá ese estado de paz en quienes le rodean.

Personalmente he comprobado que mi meditación no solo me calma a mí, sino que tiene un efecto tranquilizador en mi familia y en todos los que me rodean. Pero el principal beneficio es que después de la meditación me resulta casi imposible enfadarme o sentirme afectado negativamente por algo. La meditación parece ponerme en contacto con una fuente de energía relajante que me hace sentir profundamente conectado con Dios.

Establecer contacto consciente con Dios

La mayoría de las religiones organizadas han asumido la tarea de explicar a Dios a sus fieles, incluyendo todas las reglas que supuestamente Dios ha establecido para la humanidad. Pero no podrá llegar a conocer a Dios a través de las experiencias o del testimonio de otras personas. Es algo que debe realizar usted personalmente. Le insto a que medite, ya que ello le proporcionará mayor paz, eliminará el estrés, mejorará su entorno y desviará la negatividad. Todo esto, y más, surgirá definitivamente cuando medite con regularidad. Si incluyo saber apreciar el silencio como uno de mis diez secretos para el éxito y la paz interior, es básicamente porque se trata del único vehículo que conozco para establecer un contacto consciente con Dios.

Dios es lo indivisible. Solo hay una presencia omnipresente a la que llamamos Dios. Esta presencia está en todas partes y constituye una fuerza que crea y sustenta la vida. No se la puede dividir o separar en pedazos. Solo hay una potencia en el universo, no dos. Sin embargo, todo lo que constituye nuestra experiencia como seres humanos se muestra bajo una apariencia de dualidad. «Arriba» existe porque también existe su opuesto, «abajo»; «claro» existe gracias a «oscuro», y «correcto» gracias a «equivocado». Sin duda, nunca habrá visto de frente a nadie a quien, situándose hipotéticamente en la posición apropiada, no se pudiera ver también de espaldas; ni un exterior sin su correspondiente interior, ni un polo norte en una brújula que no tuviera también su polo sur. Nuestro mundo físico es un mundo de dicotomías y combinaciones de opuestos, siempre divisibles.

El silencio, sin embargo, es la única experiencia que podemos tener de lo indivisible: corte el silencio por la mitad y lo único que obtendrá será más silencio. Solo hay un silencio. En consecuencia, el silencio constituye nuestra única manera de experimentar la unidad y la indivisibilidad de Dios. De ahí que deseemos meditar. Así es como conocemos a Dios, en lugar de tener que conformarnos con saber algo de Dios.

Encontrará sus respuestas en el silencio. Recuerde: todo lo creado surge del vacío, de la nada. Cuando uno escribe una nota musical, el silencio del que esta proviene forma parte de ella tanto como su sonido. Lo mismo ocurre cuando nos reponemos de algún contratiempo o nos reconciliamos con alguien. Aquietarse y escuchar le inspirará. No puedo imaginarme hablando o escribiendo sin haber llegado primero a Dios en el silencio. No busco más que tiempo y espacio para dejar que surja mi inspiración.

El campo como terapia

Cada vez que en su vida se sienta de mal humor, por una u otra razón, acuda a la naturaleza y busque su paz. Enviar a los adolescentes con problemas al campo a cuidar animales y vivir en comunión con la naturaleza casi siempre les proporciona paz y serenidad. Las drogodependencias desaparecen cuando a la gente joven se le da ocasión de escalar una montaña o de remar en un lago. Con frecuencia las personas a las que se ha diagnosticado una enfermedad terminal descubren que pasar varios meses en una cabaña aislada en lo más profundo de la espesura, meditando y comunicándose con Dios, era exactamente la terapia que necesitaban y, en ocasiones, incluso la fuente de milagrosas remisiones espontáneas.

Si alguna vez sufre de insomnio, camine descalzo sobre la hierba durante diez minutos antes de acostarse. La naturaleza tiene un modo maravilloso de curar muchas enfermedades. Trate de pasar un día entero en un lugar aislado, oyendo solo los sonidos de la naturaleza: los pájaros, los insectos, el murmullo de las hojas, el viento... Esos son los sonidos benefactores que pueden compensar el desagradable ruido de los camiones, las hormigoneras, los radiocasetes, etc.

Dese a sí mismo la oportunidad de ir al campo de vez en cuando como una parte rutinaria de su vida. Tómese un día o dos al mes, o a la semana, para estar solo y en comunión con Dios. Esta es la terapia definitiva, ¡y resulta mucho más barata que pagar a alguien para que nos escuche!

Reservar nuestra comunión silenciosa con Dios para nosotros solos

Todo lo que uno desea expresar emerge del espíritu, del silencio. No utilice su ego para expresarse. En realidad, el ego incluso puede inhibir el proceso creador. Por esta razón, le insto a que no divulgue sus percepciones íntimas, eso que usted intenta crear. Como decía san Pablo: «Lo que se ve, no ha venido de donde parece». Cuando uno habla de las nacientes ideas que se le están manifestando y relata a otros sus percepciones, a menudo siente la necesidad de explicarlas y defenderlas. Lo que ocurre es que ha pasado a intervenir el ego. Una vez que el ego se halla presente, la manifestación se interrumpe.

Es en el silencio donde se da la manifestación; por tanto, reserve sus potenciales milagros al apreciado silencio que ha abrazado lo más a menudo que pueda. Solo en él puede confiar y disfrutar de la serenidad y la paz interior que el silencio y la meditación traen siempre consigo.

QUINTO SECRETO

Renunciar a la historia personal

Florence Farr me dijo en una ocasión: «Si pudiéramos decirnos a nosotros mismos, con sinceridad: "Este fugaz momento es tan bueno como todos los que conoceré jamás", podríamos morir en ese instante y unirnos a Dios».

WILLIAM BUTLER YEATS

Aquí yace mi pasado,
le he dado un beso de despedida;
gracias, muchachos,
no lo habría echado de menos.

OGDEN NASH

Cuando una lancha motora pasa zumbando sobre la superficie del agua, se forma tras ella una línea de espuma blanca que se denomina la estela de la barca. La estela no es otra cosa que el rastro que se deja atrás. La respuesta a la pregunta: «¿Qué impulsa a la barca?» es que esta se mueve debido a la energía generada por el motor. Eso es lo que hace que la barca avance a través del agua. ¿Cree usted que es posible que la estela impulse a la lancha? ¿Acaso el rastro que se deja atrás puede hacer avanzar una barca? Se trata de preguntas retóricas, con respuestas evidentes. Estoy seguro de que convendrá conmigo en que la estela es solo el rastro que queda atrás, pero no es lo que impulsa a la barca hacia delante.

Le aconsejo que aplique esa misma idea a su vida. La estela de su vida no es más que el rastro que usted deja tras de sí. Visto de ese modo, resulta absolutamente imposible que la estela le impulse a usted hacia delante. De ninguna manera lógica la estela puede ser la responsable de lo que hoy está usted experimentando o dejando de experimentar. La estela es solo lo que es, y nada más: un rastro que usted ha dejado tras de sí. Pero ¿realmente lo ha dejado?

SER VÍCTIMA DE LA PROPIA HISTORIA PERSONAL

Desde hace más de un cuarto de siglo he estado trabajando con la gente para ayudarla a acceder a niveles superiores de conciencia. Según mi experiencia, la mayoría de las personas viven su vida aferradas a la estela de su historia personal para justificar su comportamiento autodestructivo y la mediocridad que caracteriza su vida. Se aferran a los dolores, maltratos y deficiencias del pasado como una especie de tarjeta de visita que anuncia su condición de «pobre de mí» a todas las personas a las que conocen a los pocos minutos de que se las presenten. «Cuando era niño me abandonaron», «Soy alcohólico», «He sobrevivido a un incesto», «Mis padres se divorciaron y no lo he superado nunca»... La lista podría llenar cientos de páginas.

¡Su pasado ya no existe! Apegándose a su pasado, no solo conseguirá quedar inmovilizado hoy, sino que impedirá recuperarse en el futuro. Si se remite a las luchas del pasado y las utiliza como excusa para no proseguir con su vida actual, está haciendo el equivalente de atribuir a la estela la capacidad de impulsar a la barca.

Y lo mismo vale a la inversa. Muchas personas se remiten a los viejos tiempos que se fueron para siempre como la razón por la que en el presente no pueden ser felices y sentirse realizados. «Todo ha cambiado», «Nadie respeta a nadie como antes», «El dinero tenía un valor, y no como ahora, que no llega para nada», «La gente no parece dispuesta a echar una mano como se hacía antes», «Cuando nosotros éramos pequeños se respetaba la autoridad; hoy los niños pasan olímpicamente de sus padres»... También esto es vivir aferrado a la estela y atribuir al pasado la responsabilidad de que en el presente no podamos ser felices o afortunados.

Salir de la estela

Imagínese un lápiz con la capacidad de escribir únicamente su historia pasada; no tiene ninguna otra utilidad. Todo su pasado está en ese lápiz. ¿Va a guardarlo? ¿Para qué? ¿Va a prescindir de él? Quizá Omar Jayyam le inspire con este poema:

El dedo se mueve y escribe y, tras escribir, sigue adelante.
Ni toda tu piedad ni tu ingenio pueden hacerle
retroceder para tachar ni media línea,
ni todas tus lágrimas borrarán una sola palabra.

Puede llorar toda la noche por la historia que escribe el lápiz, por todo lo que contiene y por todo aquello que le gustaría borrar —o recuperar— si pudiera; pero todas sus lágrimas no podrán borrar una sola palabra del pasado, tal como le recuerda este poeta y filósofo.

Usted quiere abandonar su historia personal, simbolizada por ese lápiz; pero cuando se aparta de ella, y por mucho que se aleje, al volver la vista atrás sigue estando ahí. Está dispuesto a librarse de su historia personal y a vivir el momento presente con mayor plenitud; pero cuando mira atrás el lápiz siempre está ahí. Le aconsejo que coja el lápiz y permita compasivamente que las palabras, las heridas y el dolor del pasado se escriban, se valoren, se examinen, se comprendan, se acepten y se amen en nombre de todo lo que usted habrá aprendido y experimentado. El acto de cogerlo y aceptarlo le dará la fuerza necesaria para transformar el pasado en canción, poema, cuadro o ritual, en el caso de que usted se sienta inclinado a hacer esas cosas, o para arrojarlo de la forma que usted elija.

ACEPTAR LA PROPIA HISTORIA PERSONAL

En un universo que constituye un sistema inteligente con una fuerza creadora divina que lo sustenta, sencillamente no puede haber accidentes. Por difícil que resulte de aceptar, usted tenía que pasar por todo lo que ha pasado para poder llegar a donde hoy está, y la evidencia de ello es que lo ha hecho. Todo avance espiritual que usted experimente en su vida vendrá precedido muy probablemente por algún tipo de aparente caída o desastre. Todas las malas épocas, accidentes, episodios difíciles, períodos de estrechez, enfermedades, maltratos y sueños rotos estaban en regla. Ocurrieron, de modo que puede usted suponer que tenían que ocurrir y, desde luego, no puede hacer que «desocurran».

Acéptelos desde esa perspectiva, con ayuda en el caso de que la necesite, y luego compréndalos, acéptelos, respételos, y, finalmente, abandónelos o bien transfórmelos de la manera que prefiera (conozco a alguien, por ejemplo, que los «reclasifica»). Libérese para sumergirse en este momento: el ahora que denominamos presente; porque es sencillamente eso: un presente que inaugurar, saborear y alimentar, un presente con el que jugar, un presente para gozar y explorar.

Solo tenemos el momento presente

La voluntad y la capacidad de vivir con plenitud en el presente es algo que escapa a muchas personas. Mientras se tome el aperitivo no se preocupe por el postre.

Cuando lea un libro observe dónde están sus pensamientos. Cuando vaya de vacaciones, esté allí en lugar de pensar en lo que debería haber hecho y en lo que tendrá que hacer cuando vuelva a casa. No deje que el esquivo momento presente se consuma en pensamientos que no forman parte del aquí y el ahora.

Hay algo irónico en este hábito de dejar que la mente divague hacia otros momentos y otros lugares: solo puede hacerlo en el presente, puesto que dicho presente es lo único que tenemos. De modo que el propio acto de dejarse llevar por los pensamientos constituye un modo de utilizar los momentos presentes. ¡Sin duda usted tiene un pasado, pero no ahora! ¡Y desde luego tiene un futuro, pero no ahora! Puede consumir el presente pensando en «entonces» y en «quizá»; pero eso le privará del éxito y la paz interiores que podría experimentar.

Es dudoso que las otras criaturas consuman el presente pensando en el pasado o en el futuro. Un castor se limita a construir su presa, y lo hace en el momento preciso: no se pasa los días deseando ser joven de nuevo, o dándole vueltas al hecho de que sus hermanos castores recibieron mayor atención de sus padres, o que su padre castor se largó con otra hembra más joven cuando él todavía estaba creciendo. El castor está siempre instalado en el presente. Podemos aprender mucho de las criaturas de Dios en lo que se refiere a disfrutar del momento presente en lugar de consumirlo pensando en culpabilidades por el pasado o preocupaciones por el futuro. Practique vivir el momento y no permita que ningún pensamiento basado en el pasado le limite.

Deténgase a observar todo lo que hay en su entorno inmediato: las personas, los animales, la vegetación, las formaciones nubosas, los edificios... todo. Permanezca en el presente, meditando y acercándose al ahora definitivo: Dios.

Dios solo está aquí y ahora

Piense en ello. Dentro de una hora Dios no estará haciendo nada distinto de lo que hace ahora. Y tampoco está haciendo nada distinto ahora de lo que hacía hace mil años. La verdad es que solo podemos llegar a conocer a Dios si estamos dispuestos a alcanzar la paz en el momento presente.

En el cuarto secreto de este libro decíamos que la meditación es un modo de establecer contacto consciente con Dios. Aquí me gustaría introducirle en un sublime secreto que aprendí de uno de los maestros que más influyeron en mí: «Solo llegarás a conocer verdaderamente a Dios cuando renuncies al pasado y al futuro en tu mente y te diluyas completamente en el momento presente, porque Dios está siempre aquí y ahora».

Muy pocas personas comprenden y viven este principio, en gran medida a causa de su condicionamiento y de su falta de disposición para enseñar a su mente a vivir en el momento presente. Esa es una de las razones por las que a veces digo que «nunca hay aglomeraciones de gente para recorrer el kilómetro extra». Ese kilómetro extra, el que hay que recorrer para elegir la paz interior y atraer el éxito a nuestra vida, y a la vez vivir en el momento presente, se convierte en una manera de ser. Puede empezar por eliminar su historia personal del repertorio de excusas por las que no vive en paz.

Dejar de depender de nuestra historia personal

Haga un esfuerzo para eliminar todas las etiquetas que usted mismo se ha ido colocando. Las etiquetas solo sirven para constreñirle: en última instancia debe usted responder a lo que ellas dicen, en lugar de ser el espíritu ilimitado que constituye su verdadera esencia. Usted no es alemán, italiano o africano: es miembro de una raza, la raza humana. Usted no es varón o hembra, de izquierdas o de derechas. Es uno con la verdadera unidad: Dios. No es un deportista o un marginado, un matemático o un literato, ni nada por el estilo. Trascender las etiquetas, especialmente aquellas que otros le han colocado en el pasado, le dará la oportunidad de remontarse al presente de cualquier modo que desee. Usted puede serlo todo en cualquier momento presente de su vida.

Le recomiendo que busque la manera de transformar su historia personal y de recordarse a sí mismo cuando lo haga que está usted transformando todas y cada una de las creencias que había estado utilizando como etiquetas o indicadores de sus limitaciones. Reemplace todo eso por el conocimiento de que usted no es lo que ha hecho ni lo que ha sido, tal como otros le han enseñado, ni tampoco es lo que otros le han hecho. Forma usted parte del amor, vinculado siempre a su fuente y, en consecuencia, vinculado al ilimitado poder del amor.

Su historia pasada y todas sus heridas ya no están ahí en su realidad física. No permita tampoco que estén en su mente, enturbiando sus momentos presentes. Su vida es como una obra de teatro en varios actos. Algunos de los personajes que intervienen en ella tienen papeles cortos; otros, mucho más largos. Algunos son villanos; otros, buenas personas. Pero todos ellos son necesarios, ya que de lo contrario no intervendrían en la obra. Acéptelos a todos y pase al siguiente acto.

SEXTO SECRETO

No se puede resolver un problema con la misma mente que lo ha creado

Todo camino es solo un camino, y no hay afrenta alguna para uno mismo ni para los demás en abandonarlo si es eso lo que te dicta tu corazón.

CARLOS CASTANEDA

Cualquier hombre puede cometer errores, pero solo un idiota persiste en su error.

CICERÓN

Cualquier problema se puede resolver con una solución espiritual. Uno de los pasajes más enigmáticos de la obra *Un curso de milagros* plantea que, en realidad, uno no tiene un problema: solo cree que lo tiene. Las primeras líneas de la Torá, así como las del Génesis, afirman: «Dios creó el cielo y la tierra»; y más adelante: «Y todo lo que Dios creó era bueno». Si uno interpreta esas palabras literalmente queda bastante claro que los problemas resultan imposibles. Si Dios lo creó todo, y todo lo que Dios creó era bueno, entonces lo malo no existe. «Sin embargo —dirá usted—, la enfermedad, la discordia, la desesperación, etc., parecen existir y proliferar en nuestro mundo.»

Cuando nos sentimos separados de nuestro núcleo sagrado resulta fácil creer tan firmemente en dicha separación que explicamos cualquier disgusto como un problema. En el mundo del espíritu, o de Dios, los problemas sencillamente no existen ni son reales. Cuando su vínculo espiritual se debilita, usted se aleja del mundo del espíritu y los problemas se deben a su creencia en la separación. Su mente crea esa ilusión de separación y su cuerpo, influido por los pensamientos de su ego, cae enfermo. Nuestras sociedades son la creación de nuestros pensamientos colectivos. También caen en la misma enfermedad de la separación y entonces nos encontramos con lo que denominamos problemas sociales. Sin embargo, todos los llamados problemas representan un déficit espiritual, que se puede remediar con soluciones espirituales. Piense en esto: si cambia su mente resolverá su problema (he escrito un libro entero dedicado a esta cuestión, titulado: *Hay una solución espiritual para cada problema*).*

Cómo ponerse a cambiar la mente

¿Puede aceptar la idea de que es su creencia en su separación de Dios la que crea la actitud que usted califica de problema? ¿Puede analizar la idea de que lo que llamamos problemas son simples ilusiones o errores de nuestro intelecto? Si Dios está en todas partes, entonces no hay lugar alguno en donde no se halle; en consecuencia, Dios está con nosotros en todo momento. Es

* Trad. cast., Grijalbo, Barcelona, 2001.

posible que usted crea otra cosa: es ese sistema de creencias el que crea lo que denominamos problemas. Si puede enfrentar la verdad a esas ilusiones, estas se desvanecerán (del mismo modo que usted sabe que es verdad que tres y tres son seis, y que no lo es que tres y tres son diez: enfrentando la verdad a ese error aritmético, este sencillamente se desvanece).

De modo similar, todas las creencias que crean «problemas» en su mente se desvanecerán cuando enfrente a ellas la energía superior de la verdad. San Francisco de Asís, en su célebre plegaria, nos pide que cambiemos nuestra mente con este pensamiento: «Allí donde hay odio, dejadme sembrar amor». La luz disuelve siempre la oscuridad. El amor anula siempre el odio. El espíritu elimina siempre los problemas. Los problemas existen como creencias mentales de nuestro ego, que es incapaz de concebir la conciencia de nuestra mente espiritual, del mismo modo que la oscuridad es incapaz de concebir la luz.

Si reescribe su contrato con la realidad, usted podrá cambiar su mente y deshacerse de todo aquello que percibe como un problema. Cambie su actitud hacia sí mismo y decida creer en su vinculación con la energía superior de Dios, aun en las más terribles circunstancias. Proyecte todo lo que le parezca problemático hacia su yo superior, confiando en que el «problema» no es lo que parece. Reescriba su contrato con la realidad respecto a quién es usted y qué es capaz de lograr.

Sus pensamientos son la fuente de prácticamente todo lo que configura su vida. Sean como sean las relaciones que tiene, constituyen algo que usted lleva consigo. Si sus relaciones son pésimas, es porque usted piensa así. Puede que la persona con la que mantiene una relación no esté con usted en este momento, o cuando está trabajando, o cuando está en el baño; pero sus pensamientos sobre ella le acompañan siempre. La única manera de poder «experimentar» a otras personas es en nuestros pensamientos.

No podemos ponernos tras sus ojos y ser ellas: solo podemos procesarlas con nuestros pensamientos. Si buscamos lo que nos parece mal de ellas y almacenamos esa imagen negativa en nuestra mente, es allí donde existe nuestra relación. Pero si cambiamos nuestros pensamientos, concentrándonos en lo que nos gusta de ellas, en lugar de hacerlo en lo que etiquetamos como malo, habremos cambiado toda nuestra relación. ¡Solo cambiando nuestra mente, esta habrá pasado de ser pésima a ser magnífica!

Trate de recordar siempre que usted lleva todas sus relaciones consigo en su propia cabeza. Robert Frost nos recuerda: «Amas las cosas que amas por lo que son». Si se olvida de esto y procesa mentalmente a las otras personas basándose en lo que usted cree que deberían ser, o en lo que antes solían ser, o comparándolas con lo que usted es, entonces está prescindiendo del amor y en su mente la relación se ha deteriorado. Experimentamos todo y a todos en nuestros pensamientos. Cambie sus pensamientos y cambiará todo lo que usted lleva consigo en su propia cabeza y percibe como problemas.

El mundo es exactamente como es. La economía es exactamente como debería ser. Las personas que actúan «mal» en el mundo están haciendo lo que se supone que tienen que hacer. Usted puede procesar mentalmente todo esto de cualquier forma que elija. Si rebosa de ira en relación a todos esos «problemas», será una más de las personas que contribuyen a la contaminación que supone esa ira.

Su deseo de hacer algo frente a las energías inferiores le llevará a tener más amor, más sentimientos y más paz. Y al hacerlo, puede influir en las personas que más alejadas se hallan de Dios para que retornen a su fuente. Este nuevo contrato consigo mismo para mantenerse siempre vinculado al espíritu, aun cuando esto parezca lo más difícil de realizar, permitirá que prolifere el grado de armonía perfecta, sea el que fuere, para el que su cuerpo ha sido concebido. Proyecte las «enfermedades» hacia Dios y proporcione a su cuerpo ejercicio regular, comida sana, grandes cantidades de agua pura y mucho reposo para permitir que actúe como un recipiente a través del cual fluya el espíritu.

Su nuevo contrato con la realidad, en el que habrá mezclado su yo físico y su personalidad con su yo espiritual vinculado a Dios, empezará a irradiar la energía superior del amor y de la luz. Dondequiera que vaya, los demás experimentarán el fulgor de su conciencia de Dios, y el desorden y la discordia, así como toda clase de problemas, sencillamente dejarán de brotar en su presencia. Conviértase en «un instrumento de tu paz», como deseaba san Francisco de Asís en la primera frase de su célebre plegaria. Ascienda por la escalera de la conciencia humana, desde los escalones inferiores hasta los superiores. Conviértase en un ser místico simplemente transformando su mente: de ser una mente que creaba y experimentaba problemas, a ser una que los resuelve.

LOS TRES NIVELES DE CONCIENCIA

A lo largo de toda su vida puede usted evaluar su situación en relación con los tres niveles de conciencia siguientes. Pocas personas —si es que hay alguna— pueden permanecer constantemente en un solo nivel. Presentaremos estos tres niveles del inferior al superior.

1. *El primer nivel es la conciencia del ego.* En la conciencia del ego, uno se centra primordialmente en su

personalidad y en su cuerpo. Se da una percepción excepcionalmente fuerte en la separación de todos los demás, de todo lo que a uno le gustaría atraer a su vida, y de Dios. De ese estado se deriva la actitud de competir para llevarse su parte, como si su tarea fuera llegar el primero. Ganar y ser el número uno parece ser lo más importante que uno puede hacer cuando vive en el nivel de la conciencia del ego. Uno se pasa un montón de tiempo midiendo su éxito, basándose para ello en cuánto va acumulando más que los demás.

Si uno tiene más que los demás, se siente mejor consigo mismo. Tener más dinero equivale, pues, a encontrarse mejor. Acumular más premios y prestigio, y ascender más en el escalafón de la empresa, alienta a sentirse mejor con uno mismo. La conciencia del ego insta a competir, a comparar y a llegar a la conclusión de que uno es el mejor; de modo que uno se concentra en avanzar más deprisa y en parecer mejor que los demás. Es en este nivel de conciencia donde existen los problemas. Es ahí donde la paz interior resulta prácticamente imposible y el éxito nos esquiva, ya que debemos estar esforzándonos constantemente por estar en algún otro sitio.

Para poder recorrer cómodamente ese kilómetro extra del que ya hemos hablado, primero hay que doblegar a este ego, siempre exigente e imposible de satisfacer. Los sentimientos de desesperación, ira, odio, amargura, tensión y depresión se derivan de la ansiedad y de la insistencia del ego por vivir según un patrón externo. El resultado es la angustia de no dar la talla o de no adaptarse adecuadamente a él. El ego rara vez le dejará un momento de reposo y le pedirá cada vez más debido a que le aterroriza la posibilidad de que le llamen a uno fracasado. Cuando uno va más allá del ego y hace que su yo superior se convierta en la fuerza dominante en su vida, empieza a sentir la satisfacción y el resplandor interior de la paz y el éxito que caracteriza al kilómetro extra.

2. *El segundo nivel es la conciencia de grupo.* La conciencia de grupo es parecida a la conciencia del ego con la excepción de que uno va más allá de sí mismo como foco central de su vida, y ahora incluye a otras personas que son miembros de su tribu o clan. Reprime su ego individual y se une a una organización de mayor envergadura, el ego colectivo. Su pertenencia al grupo se basa en su familia, su acervo, su origen racial, su religión, su lengua, su afiliación política, etc. Se le exige que piense y actúe como el grupo al que ha sido asignado. Va a la guerra en nombre del patriotismo, a matar a otros que han sido condicionados para hacer lo mismo. Uno se identifica como perteneciente a una etnia concreta, a menudo con etiquetas como italiano, chino o afroamericano.

En el nivel de la conciencia de grupo uno suele consagrarse a mantener problemas sociales como la guerra, la brutalidad y la persecución religiosa, que tienen su origen en enemistades ancestrales con miles de años de existencia. Pero lo mismo se manifiesta en la vida cotidiana. Las familias exigen que uno adopte su punto de vista, odie a quienes odian y ame a quienes aman.

Uno muestra lealtad ciega a una empresa que puede estar fabricando armas de destrucción masiva, algo a lo que normalmente se opondría; pero se justifica diciendo que «es mi trabajo». Algunos policías y soldados maltratan a otros seres humanos como ellos, comportándose peor que los delincuentes o que los llamados enemigos a los que tanto aborrecen. Nuestra crueldad para con otros seres humanos se suele justificar basándose en la mentalidad propia de la conciencia de grupo. Así, los miembros de tales o cuales camarillas o sociedades se comportarán de una manera espantosa espoleados por una mentalidad de grupo o de clan. En resumen: lo que dicta el grupo se convierte en nuestra tarjeta de identidad como seres humanos.

Recuerde que no puede resolver un problema con la misma mente que lo ha creado. Para poder resolver una lucha derivada de una conciencia de grupo, o se cambia la mente, o el problema nos seguirá atormentando. La resolución de los problemas relacionados con la conciencia de grupo requiere pasar al nivel superior.

3. *El tercer nivel es la conciencia mística.* Este nivel de conciencia, libre de problemas, se caracteriza por el sentimiento de vinculación, en lugar del de separación. En el nivel de la conciencia mística uno se siente vinculado a todo individuo, a toda criatura, al planeta entero, a Dios.

Sentirse vinculado significa que uno siente realmente que todos somos uno, y que hacer daño directamente a otros equivale a hacernos daño directamente a nosotros mismos. Aquí la cooperación sustituye a la competencia; el odio se disuelve en el amor; y la tristeza queda anegada en la alegría. En este nivel uno es miembro de la raza humana, no de un subgrupo. Aquí uno es ciudadano del mundo con una conciencia global, en lugar de un patriota de un país cualquiera. En la conciencia mística, usted no se sentirá separado de nadie, de nada, ni de Dios. Ya no será lo que tiene, lo que consigue, ni lo que otros piensan de usted. Será lo que ama, y habrá cambiado su mente. Los problemas serán entonces ilusiones de la mente que usted ya no llevará consigo.

Como señalaba el gran altruista Mahatma Gandhi: «El hombre se engrandece exactamente en la medida en que trabaja por el bienestar de los demás hombres». Este es el nivel de la conciencia mística, de la conciencia de Dios. Es un lugar donde uno puede vivir una existencia libre de problemas transformando sus pensamientos de la conciencia del ego y de grupo al nivel superior de la mística. Aquí llegará a entender realmente lo que quería decir Thoreau cuando afirmaba: «Solo hay un remedio para el amor: amar más».

SÉPTIMO SECRETO

No hay justificación para el resentimiento

La felicidad de tu vida depende de la calidad de tus pensamientos ... Cuida de no albergar ideas inconvenientes para la virtud y la naturaleza razonable.

MARCO AURELIO

Dios no nos manda hacer grandes cosas, sino únicamente pequeñas cosas con un gran amor.

MADRE TERESA

Seguramente usted oye a la gente decir constantemente: «Tengo derecho a sentirme contrariado por el modo en que me han tratado. Tengo derecho a estar enfadado, dolorido, deprimido, triste y resentido». Aprender a evitar esta clase de pensamientos constituye uno de mis diez secretos para vivir una vida de paz interior, éxito y felicidad. Cada vez que se sienta invadido por el resentimiento, estará cediendo el control de su vida emocional a la manipulación por parte de otras personas.

Personalmente, fui consciente de la importancia de esta lección hace muchos años, cuando asistía a una reunión de doce personas que formaban parte de un grupo de rehabilitación del alcoholismo y la drogadicción. Aquellas doce personas acostumbraban a culpar a los demás de sus debilidades, utilizando casi cualquier excusa como argumento para volver a sus hábitos autodestructivos. En un póster que había colgado en la sala podían leerse estas palabras: «En este grupo no hay resentimientos justificados».

Con independencia de lo que cada uno pudiera decir a los demás miembros del grupo, por muy duras o desagradables que fueran las acusaciones, se le recordaba a cada persona que no hay justificación para el resentimiento. Es posible que usted necesite considerar contra quién está resentido antes de poder tomar su propia decisión respecto a si esto le va a resultar útil. Los resentimientos proporcionan una excusa para volver a los viejos hábitos. ¡Pero eso fue lo que le llevó a ellos en primera instancia!

Por qué existen los resentimientos

Sin duda estará familiarizado con el popular concurso de televisión *¿Quiere ser millonario?*, emitido en diversas versiones en varias televisiones del mundo. En él, si el concursante logra responder a quince preguntas tipo test, cuyo valor monetario va aumentando progresivamente, al final gana una importante cantidad de dinero (pongamos un millón de euros). Empezando por una pregunta de —pongamos por caso— 100 euros, la persona responde a cinco preguntas, hasta llegar al nivel de los 1.000 euros: en ese momento el concursante ya tiene garantizado que no se irá con las manos vacías. Entonces la dificultad de las preguntas se incrementa. Si el concursante alcanza un nuevo nivel, situado, por ejemplo, en 32.000 euros, de nuevo se le garantiza que como mínimo ya ha ganado esa cantidad. Por tanto, hay que alcanzar dos niveles fundamentales: el de los 1.000 euros, al que se llega respondiendo a cinco preguntas relativamente sencillas, y el de los 32.000 euros, que requiere responder a otras cinco de dificultad creciente.

Si le explico todos estos detalles respecto a ese programa de televisión es para presentarle la idea de los dos niveles que uno debe alcanzar primero para poder tener la posibilidad de acceder al nivel de conciencia «del millón de euros». El nivel «de los 1.000 euros» es aquel en el que uno aprende a liberarse de la culpabilización en su vida. Si no lo consigue, se vuelve a casa con las manos vacías.

Eliminar la culpabilización significa no atribuir nunca a nadie la responsabilidad de lo que uno experimenta. Significa que uno debe estar dispuesto a decir: «No puedo comprender por qué siento lo que siento, por qué tengo esta enfermedad, por que he sido maltratado, o por qué he sufrido ese accidente; pero estoy dispuesto a decir sin ningún sentimiento de culpa ni resentimiento que me lo debo a mí mismo. Vivo con ello y soy responsable de que forme parte de mi vida». ¿Y por qué hay que hacer eso? Porque si uno acepta la responsabilidad de asumirlo, al menos tendrá la posibilidad de aceptar también la responsabilidad de eliminarlo o de aprender de ello.

Si usted es, de alguna forma limitada (y quizá desconocida), responsable de su migraña o de su sensación de depresión, entonces puede trabajar para eliminarla o para descubrir que en realidad representa un mensaje dirigido a usted. Si, por el contrario, en su mente considera que el responsable es algo o alguien ajeno, entonces, evidentemente, habrá de esperar a que eso cambie para que usted mejore. Y eso es improbable que ocurra. Por tanto, en el nivel «de los 1.000 euros» la culpabilización ha de desaparecer. De lo contrario tendrá que volver a casa con las manos vacías, incapaz de participar en los niveles superiores.

Ha de estar dispuesto a superar una nueva prueba en el segundo nivel crítico, la pregunta «de los 32.000 euros», que constituye el último obstáculo al que deberá enfrentarse para penetrar en el elevado reino de la autorrealización y la conciencia superior, el nivel espiritual «del millón de euros». En este nivel habrá de estar dispuesto a irradiar las altas y rápidas energías del amor, la paz, la alegría, el perdón y la bondad como respuesta a todo lo que se interponga en su camino. Ese es el principio del poco transitado kilómetro extra, donde lo único que tendrá para dar será amor.

Si alguien le dice algo que usted considera ofensivo, en lugar de optar por el resentimiento, sea capaz de despersonalizar lo que acaba de escuchar y de responder con bondad. Prefiera ser bondadoso a tener razón. No tenga ninguna necesidad de agraviar a los demás o de vengarse cuando los demás le agravien. Y hágalo por sí mismo. Hay un proverbio chino que dice: «Si vas a consumar una venganza, es mejor que caves dos tumbas». Sus resentimientos le destruirán: son bajas energías. Por otra parte, a lo largo del kilómetro extra solo encontrará a otras personas que hayan captado plenamente esa idea. Quienes no han conseguido acceder a ese nivel han pasado a reunirse con la muchedumbre que había abandonado el juego hace ya mucho tiempo, en las preguntas más fáciles, ¡y la mayoría siguen intentándolo y preguntándose por qué continúan volviendo a casa con las manos vacías! Puedo asegurarle que siguen echando a los demás la culpa de su fracaso.

Primero tendrá que superar la culpabilización. Luego habrá de aprender a responder a todo con amor, en lugar de con ira y resentimiento. Se cuenta que un maestro espiritual respondía siempre a los embates de la crítica, los juicios de valor o el ridículo con amor, bondad y paz. Uno de sus discípulos le preguntó cómo podía mostrarse tan bondadoso y pacífico frente a tan desconsiderados ataques. Su respuesta fue la siguiente pregunta: «Si alguien te ofrece un regalo y tú no lo aceptas, ¿a quién crees que pertenece ese regalo?». La respuesta le llevará a recorrer el kilómetro extra. Pregúntese: «¿Por qué habría de permitir que algo que pertenece a otra persona se convierta en fuente de mi resentimiento?». Como reza el título de un popular libro, «Lo que usted piensa de mí no es asunto mío».

DEJAR DE BUSCAR LA OCASIÓN PARA OFENDERSE

Cuando uno vive en —o por debajo de— los niveles ordinarios de conciencia, gasta un montón de tiempo y energía buscando oportunidades para ofenderse. Una noticia de prensa, un altibajo económico, un extraño que actúa groseramente, una pifia, una maldición de alguien, un estornudo, una nube negra, cualquier nube, la ausencia de nubes... casi cualquier cosa sirve cuando uno busca una ocasión para ofenderse. A lo largo del kilómetro extra nunca encontrará a nadie entregado a tales absurdos.

Conviértase en una persona que se niega a sentirse ofendida por nadie ni por nada en ninguna circunstancia. Si ocurre algo que usted desaprueba, afirme por todos los medios lo que usted siente de corazón; y, si es posible, contribuya a eliminarlo y luego olvídese de ello. La mayoría de la gente actúa desde el ego, y en realidad necesita tener razón. Por lo tanto, cuando se encuentre con alguien que dice cosas que usted juzga inapropiadas, o cuando sepa que ese alguien está completamente equivocado, olvide su necesidad de tener razón y en lugar de ello diga: «¡Tienes razón tú!». Esas palabras pondrán fin a cualquier potencial conflicto y le liberarán de la posibilidad de ofenderse. Su deseo es el de estar en paz; no el de tener razón, sentirse ofendido, enfadado o resentido. Si tiene usted la suficiente fe en sus propias creencias, descubrirá que resulta imposible sentirse ofendido por las convicciones y la conducta de otras personas.

No sentirse ofendido es un modo de decir: «Tengo el control sobre el modo en que voy a sentirme, y elijo ser pacífico independientemente de lo que vea que sucede». Cuando usted se siente ofendido, está realizando un juicio de valor: considera que alguien es estúpido, insensible, grosero, arrogante, desconsiderado o necio, y en consecuencia se siente contrariado y ofendido por su conducta. Sin embargo, es posible que usted no se dé cuenta de que, cuando juzga a otras personas, no las está definiendo a ellas: está definiéndose a sí mismo como alguien que necesita juzgar a los demás.

Del mismo modo que nadie puede definirle a usted con sus juicios de valor, tampoco tiene usted el privilegio de definir a los demás. Cuando deje de juzgar y se convierta en un simple observador, conocerá la paz interior sobre la que aquí escribo. Con esa sensación de paz interior descubrirá que se ha liberado de la energía negativa del resentimiento y será capaz de vivir una vida satisfactoria. Además hay un plus: descubrirá también que los demás se sienten mucho más atraídos hacia usted. Una persona pacífica atrae energías pacíficas. No podemos conocer a Dios a menos que nos hallemos en paz, puesto que Dios es paz.

Nuestros resentimientos expulsarán literalmente a Dios de nuestra vida mientras nos dediquemos a sentirnos ofendidos. No sentirse ofendido equivale a eliminar todas las variaciones de la siguiente frase del repertorio de pensamientos disponibles: «Si te parecieras un poco más a mí, yo no tendría que sentirme disgustado en este momento». Usted es como es, y lo mismo vale para quienes le rodean. Con toda probabilidad, ellos nunca serán exactamente como usted. Por tanto, deje de esperar que aquellos que son diferentes sean como usted cree que deberían ser. Eso nunca va a ocurrir.

Es nuestro ego el que exige que el mundo y todos los que lo habitan sean como creemos que tendrían que ser. Pero nuestro sagrado yo superior se niega a ser otra cosa que un yo pacífico, y ve el mundo tal como es, no como a nuestro ego le gustaría que fuera. Cuando usted responde con odio al odio dirigido hacia usted, se está convirtiendo en parte del problema, que es el odio, en lugar de ser parte de la solución, que es el amor. El amor se halla libre de resentimiento y se apresura a ofrecer el perdón. El amor y el perdón le inspirarán a trabajar en aquello de lo que usted está a favor, y no en aquello de lo que usted está en contra. Si está usted contra la violencia y el odio, los combatirá con su propia clase de violencia y de odio. Si, en cambio, está usted a favor del amor y la paz, enfrentará estas energías a la violencia y a la larga eliminará el odio.

Cuando le pidieron a la madre Teresa que se manifestara en contra de la guerra de Vietnam, respondió: «No, no lo haré; pero cuando hagáis una manifestación en favor de la paz, estaré allí».

UNA ÚLTIMA PALABRA SOBRE EL PERDÓN Y EL RESENTIMIENTO

En la raíz de casi todas las prácticas espirituales se halla el concepto de perdón. Eso fue lo que surgió de Jesús de Nazaret mientras era torturado en una cruz por un soldado romano, que le clavó una lanza en el costado. Y es quizá el mayor acto curativo que uno puede realizar para eliminar completamente de su vida las bajas energías del resentimiento y la venganza.

Piense en todas y cada una de las personas que alguna vez le han hecho daño, le han engañado, le han decepcionado, o han dicho cosas desagradables de usted. Su experiencia de ellas no es más que un pensamiento que usted lleva consigo. Esas ideas de resentimiento, ira y odio representan energías lentas y debilitadoras que le discapacitarán. Si pudiera liberarse de ellas, conocería una mayor paz interior.

Debe practicar el perdón por dos razones. Una es dejar que los demás sepan que usted ya no desea adoptar una actitud de hostilidad frente a esa persona; la otra, liberarse de la energía autodestructiva del resentimiento. El resentimiento es como ese veneno que fluye por nuestro sistema circulatorio causando estragos mucho después de haber sido mordidos por la serpiente. No es el mordisco lo que nos mata, sino el veneno. Puede eliminar el veneno tomando la decisión de librarse de los resentimientos. Muestre amor de una u otra forma a aquellos que usted cree que le han agraviado, y observará que se siente mucho mejor y experimenta mucha mayor paz. En mi caso personal, fue un acto de profundo perdón hacia mi propio padre, a quien nunca vi ni con el que nunca hablé, el que cambió mi vida transformándola de una vida de conciencia ordinaria a una vida de conciencia superior, realización y éxito más allá de lo que yo jamás me había atrevido a imaginar.

No hay, pues, resentimientos justificados si uno desea recorrer ese kilómetro extra y gozar de la paz y el éxito interiores en cada paso del camino.

OCTAVO SECRETO

Tratarse a uno mismo como si ya fuera lo que le gustaría ser

Es necesario para la felicidad del hombre que este sea mentalmente fiel a sí mismo.

THOMAS PAINE

Primero debes decirte a ti mismo lo que quisieras ser, y luego hacer lo que tengas que hacer.

EPICTETO

Cualquiera que sea el proyecto que usted tenga para sí mismo —por muy elevado o imposible que pueda parecerle ahora—, le insto a que empiece a actuar como si aquello en lo que le gustaría convertirse constituyera ya su realidad. Esta es una maravillosa manera de poner en marcha las fuerzas que colaborarán con usted para hacer que sus sueños se hagan realidad. Para activar las fuerzas creadoras que permanecen latentes en su vida, debe acudir al mundo invisible, al mundo que está más allá de su forma. Es ahí donde se creará lo que aún no existe para usted en su mundo de formas. Puede pensar en ello de este modo: en la forma, usted recibe *in-forma*ción; cuando pasa al espíritu, usted recibe *in-spir*ación. Es este mundo de inspiración el que le guiará para que acceda a todo lo que le gustaría tener en su vida.

Algunos de los consejos más significativos que he leído fueron escritos hace más de dos mil años por un antiguo maestro llamado Patanjali, que instruía a sus discípulos en la inspiración (le recuerdo que el verbo inspirar tiene su origen en los términos *in* y *espíritu*). Patanjali planeaba que la inspiración requiere una mente que trascienda toda limitación, unos pensamientos que rompan todas sus ataduras y una conciencia que se expanda en todas direcciones. Así es como uno puede inspirarse.

Ponga sus pensamientos en aquello en lo que le gustaría convertirse: pintor, músico, programador informático, dentista, o lo que sea. En sus pensamientos, empiece a imaginarse a sí mismo dotado de las habilidades necesarias para realizar esas tareas. Sin ninguna duda: solo con la certeza de saberlo. Luego empiece a actuar como si todo eso formara ya parte de su realidad. Como pintor, su visión le va a permitir pintar, visitar museos, charlar con pintores famosos y sumergirse en el mundo del arte. En otras palabras, empezará a actuar como un pintor en todos los aspectos de su vida. De ese modo usted se avanzará a sí mismo y se hará cargo de su propio destino al mismo tiempo que cultiva la inspiración.

Cuanto más se vea tal como le gustaría llegar a ser, más inspirado estará. Las fuerzas latentes que Patanjali describía cobrarán vida y usted descubrirá que es alguien más importante de lo que nunca había soñado. Imagíneselo: ¡las fuerzas latentes que estaban muertas o no existían llegando al ser y colaborando con usted como resultado de haberse inspirado y actuar como si lo que usted quiere ya estuviera ahí!

Al tener el coraje de declararse a sí mismo que ya está allí donde quiere estar, casi se está obligando a sí mismo a actuar de una forma nueva, emocionante y espiritual. También puede aplicar este principio a otros ámbitos distintos del de su vocación. Si vive una vida de escasez, y todas las cosas agradables que mucha gente tiene no acuden a usted, quizá sea el momento de modificar su pensamiento y actuar como si aquello con lo que usted disfrutaría en el caso de tenerlo estuviera ya ahí.

Visualice ese hermoso automóvil con el que sueña, y pegue una foto de él en la puerta de su habitación y también en la nevera. ¡Péguela incluso en el salpicadero del coche que conduce actualmente! Visite un concesionario, siéntese en su futuro automóvil y note ese especial olor a coche nuevo. Pase las manos por los asientos y coja el volante. Dé una vuelta alrededor del coche, observando su diseño. Pida que le dejen probarlo y visualice la idea de que usted tiene derecho a conducir ese coche, que se siente inspirado por su belleza y que va a encontrar el modo de que forme parte de su vida. En cierta manera, es ya su coche. Hable con otras personas de lo que le gusta ese coche. Lea artículos sobre él. Ponga una foto en la pantalla de su ordenador y déjela ahí para poder verla cada vez que se acerque.

Puede que todo esto le parezca ridículo; pero cuando se sienta inspirado y actúe como si lo que usted desea ya estuviera ahí, activará las fuerzas latentes que van a colaborar para hacer que forme parte de su realidad.

PROPAGAR LA INSPIRACIÓN POR TODAS PARTES

Tratarse a sí mismo de la forma descrita puede convertirse en un modo de vida habitual. Ello no supone engaño, ni arrogancia, ni hacer daño a los demás. Se trata de un discreto acuerdo entre Dios y usted en el que usted trabaja calladamente en armonía con las fuerzas del universo para hacer que sus sueños se conviertan en realidad. Eso implica por su parte el conocimiento de que el éxito y la paz interior constituyen un derecho de nacimiento; de que usted es hijo de Dios y, como tal, tiene derecho a una vida de alegría, amor y felicidad.

En sus relaciones con sus seres queridos, sus compañeros de trabajo y su familia, actúe como si lo que a usted le gustaría materializar en dichas relaciones estuviera ya presente. Si desea tener una sensación de armonía en su lugar de trabajo, mantenga una visión y una expectativa claras de dicha armonía. Luego aváncese a su jornada laboral, visualizando cómo llega pacíficamente el final de la jornada para todo el mundo cuando, en realidad, todavía es la hora de levantarse. Cada vez que se encuentre con alguien, su visión del final de la jornada surgirá en su cabeza y actuará usted de forma pacífica y armoniosa para no anular lo que sabe que va a suceder. Además, actuará usted frente a los demás como si también ellos fueran ya todo aquello que son capaces de llegar a ser.

Ese tipo de expectativas le llevarán a decir: «Estoy seguro de que esta tarde lo tendrás todo listo», en lugar de «Siempre te retrasas en todo y me gustaría que esta vez tuvieras más cuidado». Cuando amenaza a otros de ese modo, ellos también cumplen el destino que usted les recuerda que está aguardándolos.

En su familia, especialmente con sus hijos, es importante tener siempre en mente esta pequeña idea: percíbalos haciendo las cosas bien. Recuérdeles a menudo su intrínseca lucidez, su capacidad de ser responsables, sus dotes innatas y sus fantásticas habilidades. Trátelos como si ya fueran responsables, listos, atractivos y dignos de elogio: «¡Eres fabuloso! Estoy seguro de que esa entrevista de trabajo te va a ir de maravilla»; «Eres muy inteligente, y sé que vas a estudiar y a aprobar ese examen»; «Tú estás siempre vinculado a Dios, y Dios no hace enfermar. Verás cómo mañana a esta hora te encuentras mucho mejor».

Cuando usted actúe respecto a sus hijos, padres, hermanos, e incluso sus parientes más distantes, como si su relación con ellos fuera fabulosa y hubiera de seguir siéndolo, y haga usted hincapié en sus virtudes antes que en sus defectos, serán sus virtudes lo que verá. En sus relaciones con todas aquellas personas que sean importantes para usted, sean quienes fueren, asegúrese de aplicar este principio lo más frecuentemente que pueda. Si las cosas no van bien, pregúntese: «¿Estoy tratando esta relación tal como es, o tal como me gustaría que fuera?». Entonces, ¿cómo querría que fuera?: ¿pacífica?, ¿armoniosa?, ¿mutuamente satisfactoria?, ¿respetuosa?, ¿cariñosa?... Evidentemente, eso es lo que hará. Por tanto, antes de su siguiente encuentro véala de ese modo. Tenga expectativas que se centren en las cualidades del éxito y la paz interiores.

Se descubrirá a sí mismo haciendo hincapié en lo que le agrada de esas personas y no en lo que estas hacen mal. También verá que las otras personas le responden con amor y armonía en lugar de hacerlo con amargura. Su capacidad de adelantarse y ver el resultado antes de que suceda le llevará a actuar de una forma que provoque dicho resultado.

Esta estrategia vital funciona con casi todo el mundo. Antes de empezar a dirigirme a mi público cuando voy a dar una charla, lo contemplo siempre como una serie de personas amables, comprensivas y con una tremenda experiencia. Antes de ponerme a escribir, me concibo a mí mismo libre de cualquier bloqueo, inspirado y dotado de una guía espiritual que está a mi disposición a todas horas. Como se nos recuerda en el libro *Un curso de milagros*, «Si supieras quién caminaba detrás de ti a todas horas, no podrías volver a experimentar el miedo». Esta es la esencia de la inspiración, además de ver el futuro tal como queremos que sea y luego actuar exactamente de esa forma.

Sincronización e inspiración

Las coincidencias no existen. Se dice que algo coincide cuando encaja fuertemente. Usted avanzará hacia el espíritu y se sentirá inspirado cuando active las fuerzas del universo para que colaboren con usted. Dado que todo está guiado por el espíritu, hay muy poca distancia entre sus pensamientos y la posibilidad de ver cómo el resultado de dichos pensamientos se materializa para usted. En la medida en la que usted dedique más y más energía a aquello que pretende manifestar, empezará a ver cómo esas intenciones se materializan.

Pensará usted en una persona en concreto y ese individuo aparecerá «misteriosamente». Necesitará para sus estudios un libro que no puede encontrar y se tropezará con él de forma «misteriosa». Pensará que necesita información sobre un lugar para ir de vacaciones y la información llegará «misteriosamente» por correo. Pronto verá todos esos supuestos misterios como parte de la sincronización del universo que colabora con usted y con sus pensamientos de más alta energía.

Quédese con la idea de que usted puede gestionar la presencia de todas esas cosas manteniendo su campo energético concentrado siempre en el amor hacia aquello que usted trata apasionadamente de crear. Aquí entra en juego la ley de la atracción y sus pensamientos se convertirán literalmente en energías de ese tipo. Al principio le parecerá asombroso y casi increíble. Cuando permanezca usted sintonizado con el espíritu, y actúe como si aquello que desea estuviera ya presente, lo encontrará cada vez menos desconcertante. Dado que está siempre vinculado a Dios, usted es la fuerza divina que aplica esa sincronización a su vida cotidiana. Muy pronto se dará cuenta de que aquello en lo que usted piensa es lo que se expande; en consecuencia, se volverá usted más consciente y cuidadoso respecto a aquello en lo que piensa. Este proceso de tratarse a sí mismo «como si» empieza en sus pensamientos, produce un impacto en su estado emocional y finalmente le insta a entrar en acción.

De los pensamientos a los actos, pasando por los sentimientos, todo reaccionará positivamente cuando esté inspirado y se crea a sí mismo de manera coherente como aquello que usted desea llegar a ser. Declárese a sí mismo que es un genio, que es un experto, que vive en un ambiente de abundancia, y mantenga esa visión de una forma tan apasionada que no pueda sino actuar en función de ella. Cuando lo haga, irradiará la energía de atracción que colaborará con usted para materializar sus actos basándose en las intenciones que haya declarado.

Trate a todas las personas con las que se encuentre con la misma intención. Celebre en los demás sus mejores cualidades. Trátelos a todos de ese mismo modo «como si», y le garantizo que responderán de acuerdo con sus más elevadas expectativas. Todo depende de usted. Tanto si piensa que es posible como si cree que es imposible, en cualquier caso estará usted en lo cierto: dondequiera que vaya, lo que verá será la manifestación de esa certeza de sus pensamientos.

NOVENO SECRETO

Valorar la propia divinidad

Hay solo dos maneras de vivir la existencia:
una es pensar que nada es un milagro; la otra
es pensar que todo lo es.

ALBERT EINSTEIN

En los rostros de los hombres y las mujeres,
veo a Dios.

WALT WHITMAN

Usted es una creación de Dios. No puede separarse de aquello que le creó. Si puede pensar en Dios como en el océano y en usted como en un recipiente, es posible que le resulte de ayuda en los momentos de duda, o cuando se sienta perdido o solo, recordar que usted es un recipiente de Dios. Cuando usted sumerge su vaso en el océano, lo que saca es un vaso de Dios. No es tan grande o tan fuerte como Él, pero sigue siendo Dios. En cuanto usted se niegue a creer otra cosa dejará de sentirse separado de Dios.

Piense en una gota de agua del inmenso océano que se ha separado de su fuente. Tras separarse de su fuente, esa gotita de agua acabará por evaporarse y regresar a ella. Pero la cuestión es que, mientras permanece en forma líquida y desconectada de su fuente, pierde la potencia que caracteriza a esta última. Esa es la esencia del secreto de valorar siempre la propia divinidad.

Mientras está usted separado mentalmente de su

fuente, pierde su potencia divina, la potencia de su fuente. Exactamente igual que la gota de agua, también usted cambiará de forma y a la larga retornará a su fuente. En la medida en que se sienta desconectado de Dios, perderá la potencia de su fuente, que es la potencia ilimitada de crear, de ser milagroso y de experimentar la alegría de estar vivo. La gota de agua, desconectada de su fuente divina, simboliza nuestro ego.

¿QUÉ ES EL EGO?

El ego no es más que una idea que usted lleva consigo a dondequiera que vaya. Esa idea le dice que usted es la suma total de lo que posee, de lo que hace y de lo que es. El ego insiste en que usted es un ser individual, que su personalidad y su cuerpo constituyen su esencia, y que usted se halla en competencia con todos los demás egos para llevarse su parte del pastel, que es limitado y finito. Por tanto —afirma el ego—, debe usted ser cauteloso con los demás, que también desean todo aquello a lo que consideran que tienen derecho. En consecuencia, el ego le lleva a creer que en todo momento hay enemigos de los que guardarse. Dado que está usted separado de ellos, debe desechar la posibilidad de cooperar con ellos por temor a que le engañen. ¡El resultado es que ha de desconfiar de todo el mundo!

Su ego le dice también que está usted separado de todo lo que le falta en su vida y que, por tanto, debe dedicar un montón de energía a perseguir todo eso que le falta. Además, y debido a que, según su ego, usted no es más que su cuerpo y su personalidad, también está separado de Dios. Dios está fuera de usted, es una fuerza a la que hay que temer como a todas las demás fuerzas externas que tratan de controlarle. En consecuencia, usted le pide a esa fuerza externa que le proporcione poderes especiales para superar a todos esos otros egos que tanto se esfuerzan en coger lo que por derecho considera suyo.

Su ego, pues, le mantiene en un constante estado de temor, inquietud, ansiedad y tensión. Le implora que sea usted mejor que todos los que le rodean. Le suplica que luche con más ahínco y que consiga que Dios esté de su lado. En resumen, mantiene su estado de separación de Dios y hace que usted se sienta aterrorizado ante su propia divinidad.

APRECIAR LA PROPIA DIVINIDAD

No hay ningún lugar en el que no esté Dios. Recuérdeselo a sí mismo cada día. Se ha dicho que Dios duerme en los minerales, reposa en la vegetación, camina en los animales y piensa en nosotros. Piense en Dios como en una presencia antes que como en una persona: una presencia que hace brotar una semilla, que impulsa las estrellas a través del firmamento y, a la vez, impulsa los pensamientos a través de nuestra mente. Una presencia que hace crecer la hierba y, al mismo tiempo, hace crecer las uñas. Esa presencia está en todas partes; por tanto, ¡ha de estar también en usted! Y si está en todas partes, debe estar también en todo lo que usted percibe que le falta a su vida. De alguna forma inexplicable, usted se halla ya vinculado a todo aquello que le gustaría atraer a su vida a través de la presencia de ese espíritu universal y omnipotente que denominamos Dios.

Puede que haya leído usted algo acerca de un gran santo de la India llamado Sai Baba. Este parece poseer poderes mágicos de manifestación instantánea, su mera presencia parece curar a los enfermos y, además, comunica una sensación de dicha y paz divinas a todos aquellos con quienes se encuentra. Un periodista occidental le preguntó: «¿Es usted Dios?». Satya Sai Baba respondió sin vacilar: «Sí, lo soy», lo que pareció desconcertar a todos los presentes. Luego, tras una breve pausa, prosiguió: «Y también usted lo es. La única diferencia entre usted y yo —añadió— es que yo lo sé, mientras que usted duda de ello».

Usted es asimismo parte de Dios. Es una creación divina: un ser de luz que ha aparecido aquí como ser humano en el momento exacto en el que se suponía que había de hacerlo. Y su cuerpo se marchará también exactamente en el momento preciso. Pero usted no es ese cuerpo que ve, ni tampoco su personalidad, ni ninguno de sus logros ni posesiones. Usted es lo amado. Un milagro. Una parte de la perfección eterna. Una parte de la inteligencia divina que lo sustenta todo y a todos en este planeta. En un mundo en el que esta inteligencia divina lo crea todo, no puede haber accidentes. Cada vez que usted experimenta el temor, el rechazo hacia sí mismo, la ansiedad, la culpa o el odio, está negando su divinidad y sucumbiendo a las influencias del insidioso ego mental que le ha convencido de su desvinculación con Dios.

Hace muchos años, un autor llamado U. S. Anderson escribió un estimulante libro titulado *Tres palabras mágicas*. En él, Anderson nos habla de la capacidad de convertirse en un obrero del milagro y de vivir el ideal de la promesa que hizo Jesucristo: «Incluso los más pequeños de entre vosotros pueden hacer todo lo que yo he hecho y aun cosas mayores». El autor no revela cuáles son las tres palabras mágicas hasta el final del libro, cuando el lector descubre que las palabras son: «Tú eres Dios». No Dios en el sentido de «por encima de todos y mejor que los demás», sino en el sentido de estar eternamente vinculado a nuestra fuente, el omnipresente poder del amor que nunca nos abandona y que nunca se agota. Puede confiar en esta fuente si recuerda que en todo momento le incluye también a usted.

La sabiduría consiste en evitar todo pensamiento que nos debilite

Crea que la vida merece la pena vivirse y su convicción le ayudará a que así sea.

WILLIAM JAMES

Nada es, a menos que nuestro pensamiento haga que sea.

WILLIAM SHAKESPEARE

Podemos evaluar todos y cada uno de los pensamientos que tenemos en función de si nos fortalecen o nos debilitan. De hecho, hay una sencilla prueba muscular que usted puede realizar para poner a prueba cualquier pensamiento que tenga en un momento determinado. Funciona del siguiente modo: extienda el brazo hacia un lado y haga que alguien trate de bajárselo mientras usted ofrece toda la resistencia que pueda. Piense en decir una mentira y observará que se siente mucho más débil que si piensa en una verdad. Esto se puede hacer con cualquier pensamiento que provoque una reacción emocional.

En un libro titulado *Power vs. Force* (*Poder frente a fuerza*), David Hawkins explica este método con detalle y proporciona un mapa de la conciencia que nos muestra de qué modo todo pensamiento contribuye o bien a debilitarnos o bien a fortalecernos. La auténtica sabiduría es la capacidad de controlarnos a nosotros mismos en todo momento para determinar nuestro estado de debilidad o fortaleza, y para librarnos de los pensamientos que nos debilitan. De ese modo conservaremos un estado superior de conciencia optimista y evitaremos que nuestros pensamientos debiliten un solo órgano de nuestro cuerpo. Cuando usted utiliza su mente para potenciarse a sí mismo, está apelando a aquello que exalta y eleva su espíritu.

El poder le insta a vivir y a actuar en su propio nivel superior, y además es compasivo. La fuerza, por su parte, implica movimiento. Es distinta del poder, que constituye un campo permanente que nunca se mueve en contra de nada. Dado que la fuerza es movimiento, crea siempre una contrafuerza. Esa contrafuerza consume siempre energía y se alimenta constantemente de energía. Lejos de ser compasiva, la fuerza se asocia a los juicios de valor, a la necesidad de competir y al deseo de controlar a los demás. Así, por ejemplo, en un acontecimiento deportivo, nuestros pensamientos se concentran en superar al adversario, en ser mejor que nadie y en ganar cueste lo que cueste. En realidad toda la estructura muscular de nuestro cuerpo se debilita, ya que los pensamientos de fuerza tienen un efecto debilitador.

Por el contrario, si en medio de un acontecimiento deportivo uno es capaz de concentrar sus pensamientos en el hecho de rendir al máximo, en utilizar la propia fuerza interior para reunir la energía necesaria, en obtener la mayor eficacia posible y en mostrar un gran respeto por las propias dotes divinas, de hecho se estará potenciando a sí mismo. Un pensamiento de fuerza requiere una contrafuerza y, por tanto, una batalla que resulta debilitadora, mientras que un pensamiento de poder nos fortalece, dado que este no pone en juego ninguna contrafuerza que consuma nuestra energía. Los pensamientos de poder nos proporcionan energía, dado que no nos plantean ninguna exigencia.

Pensamientos que debilitan

Si un simple pensamiento hace que los músculos del brazo se debiliten o se fortalezcan, ¡imagínese lo que debe de hacer a todos los demás músculos y órganos de su cuerpo! Su corazón es un músculo que resulta debilitado por todos aquellos pensamientos que reducen nuestra energía. Los riñones, el hígado, los pulmones y los intestinos están rodeados de músculos que resultan afectados por los pensamientos.

El pensamiento que más debilita a la mayoría de las personas es la vergüenza, que da origen a la humillación. Nunca se subrayará lo bastante la importancia de perdonarse a uno mismo. Si usted lleva consigo pensamientos de vergüenza por lo que ha hecho en el pasado, estará debilitándose a sí mismo tanto física como emocionalmente. Del mismo modo, si utiliza una técnica de vergüenza y humillación con otros para reformarlos, lo que hará será crear personas debilitadas que nunca se verán potenciadas en tanto no se eliminen esos pensamientos de vergüenza y humillación. Eliminar los propios pensamientos de vergüenza implica estar dispuesto a dejarlos atrás, a ver nuestros comportamientos del pasado como lecciones que tuvimos que aprender y a conectarnos de nuevo con nuestra fuente a través de la oración y la meditación.

Después de la vergüenza, los pensamientos que más nos debilitan son los de culpa y de apatía. Estos dan origen a las emociones de la culpabilización y la desesperación. Vivir en estado de culpa es consumir los momentos presentes inmovilizado por lo que ya ha sucedido. Pero por muy grande que sea, la culpa no deshará jamás lo que ya se ha hecho. Si su conducta pasada le lleva a aprender de sus propios errores, no se puede hablar de culpa, sino de aprendizaje del pasado. Pero dedicar el momento presente a revolcarse en nuestros supuestos errores sí es culpa, y esta solo se da en el presente.

Liberarse de la culpa es como quitarse un peso enorme de los hombros. Nos liberamos de la culpa a través del pensamiento potenciador del amor y el respeto hacia uno mismo. El amor y el respeto le potenciarán, liberándole de los patrones de perfección y negándose a gastar la más preciosa moneda de su vida, el presente, en pensamientos que no harán otra cosa que seguir frustrándole y debilitándole. En lugar de ello, prometa ser mejor de lo que era: esa es la auténtica prueba de la nobleza de sus sentimientos.

Los pensamientos apáticos crean desesperación. Esos son los pensamientos que nos impiden comprometernos con la vida. La apatía se deriva de la autocompasión y de la necesidad de estar continuamente entretenido para evitar el aburrimiento. Nunca podrá ser apático o solitario si usted ama a la persona con la que está a solas. Cada momento de cada día presenta un ilimitado número de opciones de vivir plenamente y de estar conectado a la vida. No necesita usted un televisor ni una radio atronando constantemente para evitar la apatía. Ya tiene usted su propia mente, que es todo un reino de ilimitado potencial.

Cada día tiene usted la opción de despertarse y decir: «¡Buenos días, Dios!». Se trata siempre de una opción. Cada momento que llene con pensamientos de aburrimiento y apatía le debilitará física, emocional y espiritualmente. Para mí, sería un insulto a este maravilloso universo, lleno de cientos de millones de milagros, permitirme siquiera un solo pensamiento de hastío o apatía.

Entre los otros pensamientos destacados que compiten por debilitarnos se incluyen el miedo y la ira. Ambas categorías de pensamientos emplean la fuerza, que da origen a una contrafuerza y a una atmósfera interior de tensión y debilidad. Cuando uno tiene miedo se aleja del amor. Recuerde: «El amor perfecto destierra todo temor». Aquello que usted teme le provocará resentimiento, y a la larga empezará a odiarlo. Así, en su interior se dará la dicotomía de odio y temor, debilitándole constantemente.

Cualquier pensamiento que tenga en el que usted se halle en un estado de temor le alejará de su auténtico objetivo, al tiempo que le debilitará. Sus pensamientos de temor le invitan a permanecer inmóvil. Cuando detecte que se halla en un estado de temor, deténgase de inmediato e invite a Dios a la escena. Proyecte el temor hacia su Socio Principal con estas palabras: «No sé cómo abordarlo, pero sé que estoy vinculado a Dios, la milagrosa fuerza creadora de este universo. Apartaré a mi ego a un lado y lo proyectaré hacia Ti». Inténtelo. Le sorprenderá lo rápido que las altas energías del amor anulan y disuelven sus pensamientos de temor y le potencian al mismo tiempo.

La ira, asimismo, es una reacción emocional a los pensamientos que dicen: «Quiero que el mundo sea tal como yo deseo, y no tal como es; por eso estoy enfadado». A menudo se justifica la ira como algo normal, pero en realidad siempre nos debilita; y tal como nos recuerda este secreto, la sabiduría consiste en evitar todo pensamiento que debilite. No hace falta estar enfadado para deshacer agravios o trabajar por un mundo mejor. Cuando uno se convierte en un ser pacífico, lo único que tiene para dar es paz. Los momentos de frustración no le provocan ira, sino que le ayudan a ser más consciente y, por tanto, le instan a encontrar una solución.

Todo pensamiento de ira nos aleja del amor y nos acerca a la violencia y a la venganza, que son fuerzas que dan origen a contrafuerzas, debilitando a quien participa de ellas. Todos esos pensamientos de vergüenza, culpa, apatía, temor e ira son energías, puesto que todo lo que hay en nuestro universo es una frecuencia vibratoria. Las que nos debilitan son las frecuencias bajas y lentas, que solo se pueden disolver en presencia de las energías más rápidas y elevadas del espíritu.

PENSAMIENTOS QUE FORTALECEN

Cuando uno pasa de un pensamiento que constituye una vibración energética muy baja a otro de una frecuencia superior, pasa también de la debilidad a la fortaleza. Cuando su pensamiento tenga que ver con culpar a los demás, usted se debilitará. Pero cuando ame y confíe en los demás, se fortalecerá. Los pensamientos comportan una energía anexa, de modo que puede cambiarlos por aquellos que le potencien. Una vez se dé usted cuenta de que lo que piensa constituye la fuente de su experiencia de la realidad, empezará a prestar más atención a aquello en lo que piense en un momento determinado.

Hace muchos años, en un popular programa de radio titulado *El secreto más extraño*, el pensador estadounidense Earl Nightingale nos enseñó a muchos de nosotros que nos convertimos en aquello en lo que pensamos a lo largo del día. Sus pensamientos determinan que usted se vea potenciado o debilitado, que esté alegre o triste, que tenga éxito o no lo tenga. Todo constituye un pensamiento que usted lleva consigo. Los pensamientos felices crean moléculas felices. La salud viene determinada en gran parte por los pensamientos que uno tiene. Piense apasionadamente que usted no se va a resfriar y su cuerpo reaccionará según sus pensamientos. Niéguese a albergar pensamientos relacionados con la fatiga, el desfase horario o los dolores de cabeza, y su cuerpo responderá a ello.

La mente le indica al cuerpo que produzca los fármacos que necesita para mantenerse sano. Dele a alguien una píldora de azúcar y convénzale de que se trata de un fármaco contra la artritis, y el cuerpo de esa persona reaccionará al placebo con un incremento en su producción de energías antiartríticas. La mente constituye una poderosa herramienta en la creación de salud. También crea relaciones divinas, abundancia, armonía en los negocios, ¡e incluso plazas de aparcamiento! Si sus pensamientos se concentran en aquello que usted desea atraer a su vida, y mantiene esos pensamientos con la pasión de una resolución absoluta, a la larga actuará según dicha resolución, ya que el antecedente de cualquier acción dada es un pensamiento.

Los pensamientos más potenciadores que podemos tener son los de paz, alegría, amor, aceptación y buena voluntad. Estos pensamientos no generan ninguna contrafuerza. Los pensamientos caracterizados por la potencia, la alegría y el amor se derivan de la propia voluntad de dejar que el mundo sea tal como es. Cuando eso sucede uno se halla en un estado de dicha interior donde la serenidad sustituye a la lucha, la reverencia por todo lo vivo reemplaza al afán y la ansiedad, y el conocimiento suplanta al desdén. Uno se vuelve optimista: en lugar de ver el vaso medio vacío, se ve siempre medio lleno.

Todo eso no es más que una decisión deliberada por nuestra parte de hacernos cargo de los propios pensamientos. Sea consciente de que, en cualquier momento dado de su vida, usted tiene siempre la opción de elegir qué pensamientos dejará que pasen por su mente. Nadie más puede introducir un pensamiento en ella. Independientemente de las circunstancias en las que se encuentre, es una opción suya. Decida sustituir los pensamientos debilitadores por pensamientos de superior frecuencia espiritual.

No se convenza a sí mismo de que algo no se puede hacer, o de que resulta más fácil decirlo que hacerlo. Solo usted controla su propia mente. Usted es quien crea y selecciona sus pensamientos. Y puede cambiarlos a voluntad. Esa es su herencia divina, su rincón de libertad que nadie puede arrebatarle. Nadie puede controlar sus pensamientos sin su propio consentimiento. Decida, pues, evitar los pensamientos que le debilitan y conocerá la auténtica sabiduría. ¡De usted depende!

TUS ZONAS ERRÓNEAS

¿Tienes a veces la sensación de estar desbordado por la existencia? ¿Paralizado por compromisos —personales o profesionales— que ya no te satisfacen? ¿Dominado por complejos de culpa o inseguridad? No proyectes tu insatisfacción en otros, la causa está en ti, en las zonas erróneas de tu personalidad, que te bloquean e impiden que te realices. Esta obra, quizá la más leída y respetada de toda la literatura de autoayuda, muestra dónde se encuentran, qué significan y cómo superarlas. Saborea este libro y no te niegues la posibilidad de ser un poco mejor y mucho más feliz.

Autoayuda